LE PREMIER DES TITRES

DU CHEF ACTUEL

DE LA

DYNASTIE NAPOLÉONIENNE

OU

LA PROVIDENCE ET NAPOLÉON III

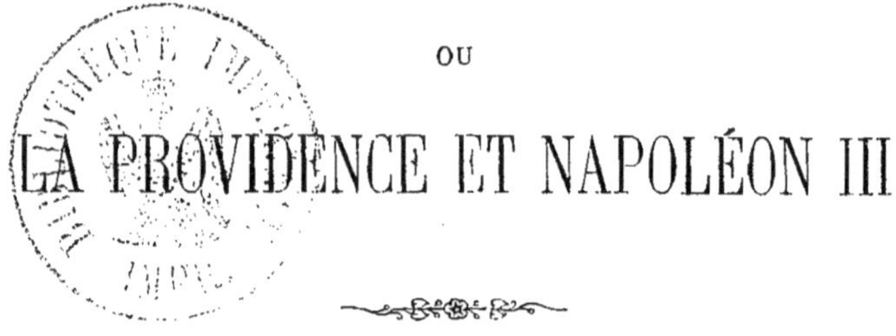

ÉTUDE PHILOSOPHICO-HISTORIQUE

Par l'Abbé TROIS ÉTOILES

L'homme s'agite et Dieu le mène.
FENÉLON.

BORDEAUX
IMPRIMERIE-TYPOGRAPHIQUE DE A. PÉREY,
Rue Porte-Dijeaux, 43

1869

AVANT-PROPOS

Il a paru, il y a environ un an, une brochure intitulée : *Les Titres de la Dynastie Napoléonienne*, avec cette épigraphe célèbre, dont je n'ai pas à contrôler l'origine : « *Vox Populi, vox Dei!* » *(La voix du Peuple, c'est la voix de Dieu!)*

Il est à regretter que l'auteur de cette brochure ne se soit fait que l'écho impersonnel de la *première voix;* car il s'est contenté de répéter, sans commentaire, la *voix du peuple*, en énumérant, tout bonnement, les suffrages accordés par le Peuple français à Napoléon III.

Il y a là, incontestablement, une grande lacune :

Afin de la combler, pourquoi ne me serait-il pas permis de glisser, à mon tour, une brochure dans le public, et de redire, par elle, aux quatre vents du ciel, la *seconde voix,* comme l autre y a fait retentir la *première?*

Le Peuple, c'est très-bien! Mais, le Peuple, ce n'est pas tout!

Derrière le Peuple, il faut mettre Dieu, qui le pousse à son gré.

Alors l'application de l'épigraphe sera complète ; on pourra dire, en toute vérité, de la *dynastie napoléonienne* : « Cette » dynastie est non-seulement une dynastie nationale, mais elle » est encore une dynastie providentielle; elle a pour elle, en

» effet, la voix du Peuple et la voix de Dieu : *Vox Populi,* » *vox Dei!* »

Je prie mes lecteurs de n'être pas surpris que je laisse *Nopoléon mort* dormir paisiblement dans son tombeau, sous le dôme des Invalides, et que je ne m'occupe que de *Napoléon vivant.*

Aussi bien, où est, pour nous, la question capitale?

Est-elle entre le passé et le présent?

N'est-elle pas plutôt entre le présent et l'avenir?

C'est donc Napoléon III qui va être uniquement l'objet de cette brochure.

Son aînée, qui a déjà couru le monde, s'est bornée à signaler les *titres populaires de la dynastie napoléonienne.*

Moi, allant plus loin et m'élevant plus haut, je vais produire un autre titre, qui est le premier de tous, oui, le titre qui émane de *Celui qui* — suivant le sublime langage de Bossuet — *règne dans les cieux et de qui relèvent tous les empires.*

Il semble très-naturel, qu'en ma qualité de prêtre, étant un des *dispensateurs des mystères de Dieu,* je sois plus à même de lire dans les secrets de la Providence; et c'est dans ces secrets que j'ai lu. De là, l'intitulé de cette brochure : *Le Premier des Titres de la Dynastie Napoléonienne, ou la Providence et Napoléon III; étude philosophico-historique,* par l'abbé TROIS-ÉTOILES.

L'abbé Trois-Etoiles!... Pauvre abbé!

Je devine que les uns vont s'attaquer à l'abbé, et que les autres vont se ruer sur les trois étoiles.

Ceux qui vont prendre l'abbé à partie, vont crier contre lui au scandale et le renvoyer, d'un ton magistral, à son bréviaire.

C'est parfaitement inutile; car c'est, pour moi, un devoir indispensable de réciter ce bréviaire tous les jours; et je le récite, en effet; je le récite même, suivant la recommandation charitable de l'apôtre saint Paul, *pour ceux qui me calomnient et qui me persécutent!*

Ceux qui seront offusqués des trois étoiles, m'accuseront, sans doute, en se rengorgeant dans l'outrecuidance de leur dignité politique, de n'être, hélas! qu'un plat courtisan, qui n'a pas même le courage de ses opinions, puisqu'il se cache.

Ils ne me traiteraient pas si durement, s'ils savaient bien qui je suis et ce que je suis.

Quoi qu'il en soit, je suis vraiment fâché que les trois étoiles ne leur plaisent pas.

Du reste,, s'ils tiennent trop à savoir pourquoi je me suis abrité derrière elles, j'avouerai franchement que c'est pour deux raisons, qui me paraissent aussi bonnes l'une que l'autre :

La première, c'est la déplorable habitude qu'on a eue de tout temps, et qu'on a surtout de nos jours, de ne juger les *hommes* et les *choses* qu'*à l'étiquette du sac;*

La seconde, c'est le besoin de soustraire mon nom à la lumière trop éclatante du soleil, et de le voiler doucement sous la lueur plus discrète des étoiles.

Le public y gagnera en impartialité dans sa critique; et moi, j'y gagnerai, aussi, en indépendance dans l'expression de la vérité.

Et cette indépendance, j'en ai d'autant plus besoin, que la vérité que je me propose de dire, c'est la vérité du bien, et non pas la vérité du mal : je déteste la médisance, et, à plus forte raison, la calomnie.

La vérité du bien, c'est le rayon de soleil qu'on fait briller sur le front d'autrui; la vérité du mal, au contraire, c'est la boue qu'on y jette pour le salir.

Moi, je préfère le soleil à la boue.

A chacun son goût!

INTRODUCTION

Il est bien entendu — d'après ce que je viens de dire dans l'Avant-Propos — que je suis un prêtre.

Il n'y a donc rien d'étonnant à ce que je croie à la Providence.

Mais il n'est nullement nécessaire, du reste, que je sois un prêtre, pour avoir cette foi ; il suffit que j'aie le sens commun.

En effet, « l'un des dogmes les plus importants et les plus consolants du Christianisme, qui ont été reçus et confirmés par la foi constante et universelle de l'humanité, c'est le dogme que Dieu gouverne, par sa Providence, le monde qu'il a créé du néant par sa puissance et par sa bonté.

» Dans les temps anciens, il ne se trouva que la secte d'Épicure qui, en suivant les inspirations de ce maître impur, de ce moqueur sacrilége de toute religion et de toute divinité, eut le triste courage de s'inscrire hautement et complétement en faux contre la croyance du genre humain touchant la Providence, et de dire que Dieu ne se mêle pas des affaires des hommes.

» Cette ignoble secte a reparu dans ces derniers temps, au grand scandale et à la grande honte de l'humanité ; elle est même plus nombreuse qu'on ne pense, car on rencontre, à chaque instant et partout, de prétendus sages et de vrais insensés affirmant que, dans les événements politiques en particulier, la Providence n'est pour rien, et qu'ils sont le résultat de l'habileté ou de la maladresse des régisseurs du monde, ou des combinaisons aveugles des passions et du hasard.

» Je ne prétends pas que tout soit sage, pur, généreux, saint, dans les événements qui, au point de vue politique, changent les conditions d'existence d'un grand peuple. Certainement, dans tout ce que l'homme fait, il se glisse toujours quelque chose d'humain. Mais il n'en est pas moins vrai que, dans certaines circonstances, l'étourderie aussi bien que l'adresse, la lâcheté aussi bien que le courage, l'égoïsme aussi bien que le dévouement, servent, sans s'en douter, à l'accomplissement des desseins de Dieu sur la société, et que particulièrement, dans ces cas, se réalise cette belle sentence d'un grand génie : « *L'Homme s'agite, et Dieu le mène.* »

» Il serait, en effet, bien étrange que, tandis que, d'après l'Évangile, pas même un passereau ne change de *place et ne descend sur la terre, sans le concours de la Providence d'en haut* (MATTH., X, 29), il serait, dis-je, bien étrange que les changements de la souveraineté, desquels dépend le sort des empires, se fissent sans l'intervention particulière de Celui *qui règne dans les cieux et de qui relèvent tous les empires* (BOSSUET).

» Ce qui est certain et même évident, c'est qu'ayant accordé aux êtres créés la faculté de donner la vie à ce qui n'en a pas, il ne leur a pas conféré la faculté de rendre la vie à ce qui l'a perdue. En sorte que, dans l'ordre politique aussi bien que dans l'ordre moral et dans l'ordre naturel, rien de ce qui est mort ne revit que par la vertu de Celui qui a ressuscité Jésus-Christ d'entre les morts.

» En vain, donc, des esprits assez peu chrétiens, assez peu philosophes et assez peu sérieux pour n'envisager les grands événements de la terre qu'en dehors de toute action du ciel ; en vain, dis-je, de pareils esprits ne voulussent-ils pas en convenir, qu'il n'en serait pas moins évident que le rétablissement de l'Empire français, de nos jours, a été une résurrection ; résurrection dans laquelle les hommes n'ont été que des instruments, ne se rendant pas même tout à fait compte de ce qu'ils faisaient ; résurrection dont le vrai et grand Artisan a été ce Roi invisible *par qui seul ce qui est mort* revit. » *(Office des Morts. — Le Pouvoir politique chrétien*, p. 501, 502 et 503.)

Ce n'est pas moi qui ai écrit ces belles lignes, où la hauteur et la force des pensées le disputent à la mâle noblesse du style ; c'est le Père Ventura, aussi profond politique que philosophe éminent ; je les accepte de tout point. J'accepte, aussi, celles qui suivent : « A la chute du premier des Napoléons, l'incrédulité et l'hérésie ne manquèrent pas de s'associer à la morgue insensée de la diplomatie, pour se livrer à des plaisanteries de mauvais goût sur *le sort éphémère de cet empire, qui n'avait paru que pour retomber aussitôt dans le néant.*

» Mais c'était bien le cas de dire (passez-moi la trivialité du proverbe) : « *Rira bien qui rira le dernier.* » Les trois gouvernements qui avaient recueilli l'héritage du premier Empire, et qui, s'étant assis successivement sur ses ruines, s'étaient tous promis un long et brillant avenir, ont tous les trois disparu successivement à leur tour, pour céder la place à ce même Empire, qui paraissait ne devoir plus exister que dans l'ombre du passé.

» Voilà une leçon pour ces petits et pauvres esprits, aux yeux desquels les choses humaines marchent d'elles-mêmes, en dehors de toute intervention divine. » (*Id.* p. 518.)

Il me semble qu'il n'était pas possible d'établir d'une façon plus magistrale l'action de la Providence sur les nations en général, et sur l'Empire français en particulier.

Je n'ai donc maintenant qu'à montrer comment la Providence a ressuscité cet Empire, dans la personne de Napoléon III, en faisant passer ce prince de son choix par les diverses phases de son existence, depuis sa naissance jusqu'à ce jour.

LA PROVIDENCE

ET

NAPOLÉON III

I

LA PRÉDESTINATION DE SA NAISSANCE

Pourquoi la Providence fait-elle naître l'un dans l'ombre obscure d'une échoppe, et l'autre sous les lambris dorés d'un palais ?

Je n'en sais rien; c'est là son secret.

Ce qu'il y a de sûr, c'est que notre entrée dans le monde, soit en bas, soit en haut, est bien souvent un acheminement vers la place respective qu'on occupera plus tard au sein de la société.

Je ne prétends pas que l'enfant de l'échoppe ne puisse devenir un grand homme et s'élever au premier rang parmi ses semblables, tandis que l'enfant du palais, oubliant la noblesse de son origine, se laisse parfois tomber dans la boue et croupit là dans un irrémédiable déshonneur : cela s'est vu déjà et se verra encore dans le cours des siècles.

Mais ne sont-ce pas là des entorses données à la destinée, — disons le mot propre, — à la vocation?

Oui, j'ose soutenir que, sous l'œil de Dieu, l'homme procède de l'enfant, par la voie d'une double génération à la fois physique et morale.

Quoi qu'il en soit, Napoléon III descend de l'Empereur Ier, son oncle, et du roi Louis, son père.

C'est donc de lui, plus que de tout autre, qu'on peut dire — en se servant d'une phrase devenue banale, à force d'être répétée — : « *Il naquit sur les marches d'un trône* » C'est dire trop peu; j'ajoute donc : Il naquit au-dessus d'un entassement de trônes ».

En effet, lorsqu'il ouvrit les yeux à la lumière, le 20 avril 1808, Napoléon Ier, son oncle, était à l'apogée de la gloire; son trône dominait tous les autres trônes.

Ce n'était pas assez; comme s'il avait cru que ce trône serait plus magnifique en l'asseyant, non-seulement sur le dos courbé des nations vaincues, mais encore sur le front droit et fier d'une pléiade de rois de sa race, il avait distribué à ses frères divers trônes de l'Europe : à l'un, le trône de Naples d'abord, et puis celui d'Espagne; à l'autre, le trône de Westphalie; à l'autre, le trône de Hollande.

L'usufruitier de ce trône de Hollande, c'était le roi Louis Bonaparte, père de Napoléon III.

Voilà pour la première naissance, qui est la naissance naturelle; il me semble qu'il y avait là une prédestination.

Quant à la seconde naissance, qui est la naissance surnaturelle qu'on reçoit au baptême, il y avait, à mon avis, une prédestination plus marquée; car c'est par le pontife-roi, par le pape Pie VII, que le nouveau-né fut baptisé. N'était-ce pas encore ici les rayons de la royauté, et de la royauté la plus grande qu'il y ait sous le soleil?

Notons, en passant, qu'au baptême, on donna au fils le nom de son père.

Il est facile de voir que le petit Louis était né tout juste en haut lieu, afin de tendre, comme par un instinct originel, au sommet des grandeurs humaines.

N'a-t-on pas besoin, d'après une loi impérieuse de l'hygiène, de revenir toujours à l'air natal ?

Son air natal, à lui, était comme celui de l'aigle, dont l'image fulgurante plane, du reste, sur les armes de sa famille ?

Pour respirer à l'aise, il lui fallait les hauteurs de l'atmosphère sociale.

Ce qu'il y a de positif, c'est qu'en attendant, dans le lointain vaporeux de l'avenir, son ascension à cet apogée de la gloire terrestre, il avait commencé par être environné, dans son berceau, des splendeurs des deux gloires les plus éclatantes des temps modernes : celle de Napoléon Ier et celle de Pie VII.

Et là, dans cette aurore de sa vie, si lumineuse et si belle, qu'eut-il pour premiers jouets ?

Des sceptres et des couronnes !

II

SA PREMIÈRE ÉDUCATION

Mais sous le père et sous la mère que la Providence avait eu soin de lui ménager, il n'était pas seulement question de jouets; il était aussi question de la formation du caractère.

Quel père, en effet, et quelle mère !

« L'histoire atteste que son père, le roi de Hollande, Louis Bonaparte, se montrait roi digne et capable, et — ce qui ne nuit à rien — roi franchement catholique. » (ROHRBACHER : *Histoire universelle de l'Église catholique*, t. XXVIII, p. 25.)

Or, puisque le catholicisme est le vrai christianisme, c'est-à-dire la religion complète de Jésus-Christ, et que, dès lors, c'est lui qui est capable de donner à la conscience le meilleur pli, je ne m'étonne pas qu'un biographe distingué ait tracé ce portrait : « Le roi de Hollande, Louis Bonaparte, est un de ces hommes rares dont l'individualité résiste, comme un roc inébranlable, au choc des événements. Doué d'une âme forte où dominait le sentiment éclairé d'une inflexible droiture, à travers bien des vicissitudes, mélange ou alternatives de grandeurs et d'infortunes, dans le cours d'une carrière dont l'histoire n'offre peut-être pas un second exemple, il eut constamment pour mobile de ses pensées, pour raison de tous ses actes, le devoir et la vertu... » (B. RENAULT : *Histoire de Louis-Napoléon*, p. 46.)

« Soldat, général, roi, Louis Bonaparte reste constamment le même homme, l'homme irrévocablement acquis au devoir, non à ce devoir factice, qui peut avoir sa loi en dehors de la conscience, mais à ce devoir qu'elle dicte en souveraine et que le contentement universel inscrit, depuis des siècles, au grand code de la morale. Pour lui, ce devoir est tout ; absolu qu'il est, il ne se plie pas aux circonstances : au contraire, il les domine. Quoi qu'il puisse en arriver, c'est au devoir que Louis se rend ; c'est à son immuable décret qu'il se soumet, qu'il s'immole même. A vingt ans..., il sent que son âme est liée par un premier serment : c'est à lui-même qu'il a juré de ne pas changer..... Dès lors, il languit, il souffre, il devient martyr. Le principe du devoir a parlé, et plutôt que d'arracher le trait qui l'a blessé, il le laisse s'enfoncer de plus en plus. C'est ce même principe qui, sur le champ de bataille, le porte sans enthousiasme et presque impassible au fort de la mêlée ; c'est lui qui lui fait affronter, sans sourciller, la mitraille de cent bouches à feu ; c'est lui encore qui le fait descendre du trône avec moins de tristesse qu'il n'y était monté ; enfin, par lui, de toute sa vie il fait un culte à la vertu. » (*Id.*, *ibid.*, p. 56-57.)

Ce qu'il y avait d'admirable dans le roi Louis, c'est que son intelligence était au niveau de son cœur : littérature, histoire, poésie, politique, roman même, rien ne lui fut étranger, et il réussit en tout; sous ce rapport, il allait de pair avec ses deux frères, Joseph et Lucien Bonaparte. Pour s'en assurer, on n'a qu'à lire ses Mémoires, qui ont paru sous le nom de *Mémoires du Comte de Saint-Leu.*

Faut-il être étonné, dès lors, que, sentant, par sa propre expérience, tout le prix des bonnes mœurs et de la culture de l'esprit, il eût jeté, pour l'éducation de son fils, les yeux sur M. de Bonald, l'un des philosophes les plus remarquables et les plus chrétiens de ce siècle? Il ne le connaissait que de réputation; n'importe, il lui écrivit, de sa main, la lettre suivante : « Après avoir réfléchi beaucoup, je me suis convaincu, Monsieur, que, sans vous connaître autrement, vous êtes un des hommes que j'estime le plus. J'ai reconnu que vos principes étaient conformes aux miens. Vous me pardonnerez donc si, ayant à choisir quelqu'un à qui je désire confier plus que ma vie, je m'adresse à vous. C'est le cas de bien choisir. » — Le roi lui offrait la place de gouverneur de son fils.

M. de Bonald n'accepta point. (ROHRBACHER : *Histoire universelle de l'Église catholique,* XXVIII, 27.)

Tel fut le père.

Que dire de la mère ?

Les traits principaux, sous lesquels apparaît dans l'histoire et dans la mémoire du peuple cette femme si connue, qu'on appelle la reine Hortense, sont la grâce, l'esprit et surtout la bonté.

A cause du mariage de sa mère, Joséphine de Beauharnais, avec Bonaparte, elle fut appelée, jeune encore, à jouer un grand rôle dans le monde, et devint, par ses charmes, son érudition et ses talents, l'ornement de la Cour consulaire et de la Cour impériale.

Ayant épousé le roi Louis, comment n'aurait-elle pas été, également, la gloire et l'agrément de la Cour de Hollande ?

Après l'abdication de son époux, elle vint se fixer à Paris, où elle conserva le titre de reine, et où son salon devint le rendez-vous de tout ce qu'il y avait de plus distingué.

Elle cultivait, avec succès, la musique et la poésie. On a retenu plusieurs des romances qu'elle avait composées. Elle a rédigé des Mémoires, dont elle fit paraître, elle-même, quelques extraits en 1824. (BOUILLET : *Dictionnaire d'Hist. et de Géogr.*, *passim*.

Mais elle fut mère aussi vigilante et aussi dévouée que femme intelligente et aimable.

Elle avait soin d'amener ses deux fils, Charles et Louis, à Napoléon, à l'heure de son déjeuner. L'Empereur aimait à « observer les premiers développements de leurs facultés, et à s'assurer par lui-même de leurs dispositions naturelles. Il les questionnait avec intérêt et s'amusait de leur petite causerie. Souvent, il leur faisait réciter des fables de son choix, et, après leur avoir donné les explications qu'elles comportaient, il les obligeait à lui en rendre compte, afin d'exercer à la fois leur mémoire et leur intelligence. Les progrès des jeunes princes lui causaient toujours la plus vive satisfaction. » (B. RENAULT : *Histoire du Prince Louis-Napoléon,* p. 68.)

Mais celui des deux qui lui plaisait le plus, c'était le petit Louis, à cause de l'agréable ingénuité de son babil. Il dit, un jour, de lui : « Il aura un bon cœur et une belle âme..... C'est peut-être l'espoir de ma race. »

C'était une véritable prophétie !

Quoi qu'il en soit, l'Empereur fut traîné à Sainte-Hélène, et « la reine Hortense n'eut plus qu'à partir pour l'exil ; — elle s'éloigna, emmenant avec elle ses deux fils, et, sous l'escorte d'un officier autrichien, elle se dirigea sur la frontière de l'Est : « Je quittais, disait-elle, cette terre de France d'où les alliés » m'expulsaient à la hâte, tellement redoutée par eux, faible

» femme que j'étais, avec mes deux enfants, que, de distance » en distance, la troupe ennemie était sous les armes pour pro- » téger, disait-on, mon passage ..... »

» Augsbourg fut le premier asile où s'arrêta la reine, qui se détermina plus tard pour les bords du lac de Constance. Là, cette excellente femme, destinée à jeter partout plus d'éclat par ses qualités personnelles qu'elle n'avait pu en recevoir du diadème royal, ne s'attacha plus qu'à remplir ses devoirs de mère. Elle se voua tout entière à l'éducation de ses fils; avec une admirable sollicitude et le tact d'une femme supérieure par son intelligence, elle la voulut forte, libérale; enfin, conforme en tout..... au progrès des lumières et à la nouvelle condition des princes, auxquels leur dignité d'homme, l'avènement des grandes idées, des vrais principes qui doivent, un jour, régir la société, pouvaient commander d'oublier qu'ils étaient nés sur les marches du trône.

» Ainsi fut élevé Louis-Napoléon.

» Les diverses branches des études classiques, les langues anciennes et modernes, la littérature, les sciences exactes, les exercices gymnastiques : telles furent les faces multiples de cette éducation. » (B. Renault : *Histoire de Louis-Napoléon*, p. 70-71.)

Ainsi, le jeune Louis put se développer sous la direction du père le plus religieux et le plus érudit, et sous l'influence de la mère la plus spirituelle et la plus gracieuse.

C'en était assez pour graver profondément dans son âme la double empreinte de la *force* et de la *douceur*.

III

L'ÉPREUVE DE LA SOUFFRANCE

Je me trompe : il y a quelque chose qui a le privilége de communiquer cette force et cette douceur, bien mieux encore que le contact, pourtant si efficace, des parents; ce quelque chose, c'est l'*épreuve de la souffrance;* la souffrance *fortifie* à la fois et *attendrit.* Or, il y a trois espèces de souffrances, qui me paraissent dominer toutes les autres : la souffrance de l'exil, la souffrance de la fatigue et la souffrance du malheur.

Louis-Napoléon a passé par cette triple souffrance.

Il était bien jeune encore — il n'avait que sept ans! — lorsqu'il fut obligé de s'en aller avec sa mère, — comme nous venons de le voir dans le paragraphe précédent, — sur une terre étrangère.

Ce ne fut pas à cet âge qu'il sentit toute l'étendue de sa perte.....

Mais plus tard, à mesure qu'il apprit tout, soit par les confidences plaintives de sa mère, soit par les enseignements indiscrets de l'histoire contemporaine, oh! comme cette révélation de la ruine désastreuse de sa famille dut être poignante pour lui!

D'ailleurs, il nous l'a avoué lui-même, dans une élégie navrante, intitulée : *L'Exil;* je n'en citerai que le premier alinéa : « O vous que le bonheur a rendus égoïstes, qui n'avez jamais souffert les tourments de l'exil, vous croyez que c'est une peine légère que de priver les hommes de leur patrie! Or, sachez-le, l'exil est un martyre continuel; c'est la mort! non la mort glorieuse et brillante de ceux qui succombent pour la patrie, non la mort plus douce de ceux dont la vie s'éteint au milieu des charmes du foyer domestique, mais une mort de consomption, lente et hideuse, qui vous mine sourdement et vous conduit sans bruit et sans effort à un tombeau désert!... » (*Œuvres de Napoléon III,* t. I, p. 400.)

Cependant le jeune Prince ne se laissa pas abattre par ce martyre de l'exil.

Au contraire, il réagit contre lui et y chercha un remède dans la fatigue du corps.

« Il fut admis au camp de Thun, dont, par ordre du gouvernement fédéral, la formation avait lieu, chaque année, pour l'instruction des officiers du génie et de l'artillerie, sous la direction des plus habiles officiers de nos armées impériales. Là, s'unissaient la pratique et la théorie, et l'on appréciait, dans l'application, l'importance des derniers perfectionnements apportés dans ces deux armes spéciales. A travers les montagnes et dans les glaciers, le Prince prit part à tout, et il y alla rudement, le sac au dos, la pioche ou le compas à la main, mangeant son pain de soldat aussi gaiement qu'aurait pu le faire un de ces vieux grognards, spartiates modernes, qui, par habitude et par tempérament, n'étaient pas moins insensibles aux jouissances qu'aux privations : «Mon fils, écrivait la reine Hortense, » est encore avec les élèves de Thun, occupé à faire des reconnaissances militaires dans les montagnes; ils font dix à douze » lieues par jour, à pied; il couche sous la tente, au bord des » glaciers. »

» Voilà comment grandissait, à l'ombre de la liberté helvétique, dans les rangs des jeunes républicains, celui qui avait été destiné à briller dans un poste éminent, au milieu des états-majors de l'Empire. Dans l'ardeur d'une jeunesse impétueuse, lorsqu'on est du sang de Napoléon, que l'on soit dans l'exil ou sur le trône, peu importe, on a des instincts qui ne sauraient se plier aux circonstances de la vie ordinaire. Aussi, c'eût été perdre son temps que de demander au neveu de l'Empereur de devenir un paisible bourgeois de Berne. Il y avait donc, pour les fils de la reine Hortense, une vocation à laquelle ils ne pouvaient se soustraire, sans renier tous les sentiments dans lesquels ils avaient été élevés. » (*Vie de Louis-Napoléon*, p. 71-72.)

Il ne manquait plus au jeune Louis que de passer par l'école du malheur. Eh bien! personne ne passa plus que lui par cette rude école!

La prison n'est-elle pas un malheur?

Or, combien d'années n'a-t-il pas langui en prison?

Une première fois, la prison à Strasbourg, dans le cachot de la ville, puis dans la citadelle, enfin à Paris; ce n'était là que la prison immobile; vint la prison flottante, sur la frégate *l'Andromède*, qui l'emporta sur les rivages de l'Amérique;

Une seconde fois, la prison à Boulogne, puis à Paris, enfin à Ham.

La prison, c'est quelque chose d'affreux, à cause de la séparation d'avec ses semblables; mais il y a une séparation plus cruelle encore : c'est la séparation d'avec les siens, surtout dans leurs derniers moments!

Louis-Napoléon était de l'autre côté de l'Océan, à plus de mille lieues de sa mère, lorsqu'il apprît l'état alarmant de sa santé!

De son lit de douleur, la duchesse de Saint-Leu lui écrivait cette lettre d'adieu :

« MON CHER FILS,

» On doit me faire une opération absolument nécessaire. Si elle ne réussit pas, je t'envoie, par cette lettre, ma bénédiction. Nous nous retrouverons, n'est-ce pas? dans un monde meilleur, où tu ne viendras me rejoindre que le plus tard possible; et tu penseras qu'en quittant celui-ci, je ne regrette que toi, que ta bonne tendresse, qui, seule, m'y a fait trouver quelque charme. Cela sera une consolation pour toi, mon cher ami, de penser que, par tes soins, tu as rendu ta mère heureuse autant qu'elle pouvait l'être. Tu penseras à toute ma tendresse pour toi, et tu auras du courage. Pense qu'on a toujours un œil bienveillant et clairvoyant sur ce qu'on laisse ici-bas ; mais, bien sûr, on se retrouve. Crois à cette douce idée : elle est trop nécessaire pour ne pas être vraie. Ce bon Arèse, je lui donne aussi ma bénédiction comme à un fils. Je te presse sur mon cœur, mon cher ami. Je suis bien calme, bien résignée, et j'espère encore que nous nous reverrons dans ce monde-ci. Que la volonté de Dieu soit faite !

» *Ta tendre mère,*

» HORTENSE.

« 3 avril 1837. »

Une fois averti que la vie de sa mère était en danger, le Prince n'eut plus qu'une pensée : celle de tout braver pour revenir auprès d'elle. Il partit immédiatement de New-York et arriva à Londres. Mais quelles furent sa surprise et son indignation, lorsqu'il acquit la preuve que, pour l'empêcher d'aller fermer les yeux à sa mère, le gouvernement français avait converti en *fait diplomatique* ce mensonge répandu quelques mois auparavant par ses journaux : « *que le Prince s'était engagé à ne plus revenir en Europe.* » On le lui opposa, il s'inscrivit en faux ; et, comme dans la bouche de l'opprimé et du proscrit la vérité a plus de force que le mensonge dans celle du fort et du puissant, le Prince réussit à aplanir les difficultés, et parvint à gagner la Suisse, où il arriva encore assez à temps pour recevoir les derniers embrassements et la bénédiction de son illustre et malheureuse mère.

« Le Prince lui ferma les yeux ; puis, étant retombé immobile et en pleurs, il resta à genoux devant elle, la tête appuyée sur sa main, jusqu'à ce qu'on vînt l'arracher d'auprès de cette amie dont il ne pouvait se séparer. » (*Id.*, *ibid.*, p. 102-103.)

Ah ! pourquoi Louis-Napoléon ne put-il pas sortir à temps de sa prison de Ham, pour se donner (neuf ans plus tard), à son gré, la consolation de recueillir ainsi le dernier soupir de son père !...

« Courbé sous le poids de l'âge et des infirmités, seul sur la terre étrangère, le noble vieillard, dans son abandon, tournait, du sein de l'Italie, des regards désolés vers la France, où le gouvernement, après lui avoir ravi les douces joies de la patrie, retenait captif le seul fils sur qui reposaient toutes les affections de son cœur ulcéré, mais non abattu, par les longs malheurs de sa vie. Les soins d'un fils eussent été si doux au vieillard! Il y avait si longtemps que sa tendresse paternelle gémissait dans l'isolement! » (*Id.*, *ibid.*, p. 191-192.)

Aussi se décida-t-il, vers le milieu d'août 1845, à tenter des démarches, pour obtenir la liberté de son fils ; mais ces démarches furent inutiles!

Quelques mois après, Louis-Napoléon, ayant appris que les jours de son père étaient en danger, demande — mais demande avec cette noblesse dans laquelle l'honneur est toujours sauf — la permission de voler auprès de son père. Cette permission lui est obstinément refusée, parce qu'on ne peut pas le faire descendre à une condescendance indigne de lui.

Alors, que fait-il? Ayant recours — comme il le dit lui-même dans une lettre, écrite de Londres, à M. le comte de Saint-Aulaire — *au dernier expédient adopté par le duc de Nemours et le duc de Guise sous Henri IV*, *en pareille circonstance*, il a le courage de s'évader de sa prison, au risque de se faire tuer, en tombant sous les balles de ses gardiens.

A travers mille angoisses et mille dangers, il vole, dans l'élan irrésistible de l'amour filial, il vole de Ham à Bruxelles, de Bruxelles à Ostende, d'Ostende en Angleterre.

Mais comment passer d'Angleterre en Toscane?

Les portes de l'Italie lui sont impitoyablement fermées par les roueries et les lâchetés du machiavélisme diplomatique :

« Le comte de Saint-Leu, instruit de ce qui se passait, en était profondément affligé, mais il ne pouvait se résoudre à croire qu'on s'acharnerait jusqu'au bout à lui ravir ces dernières consolations. Partagé entre la crainte et l'espérance, il était, depuis quelques semaines, en proie à cette agitation fébrile qui ranime, par intervalles, et tue en épuisant la vie.

Enfin, il est informé qu'on a reçu des nouvelles ; il croit qu'on va lui annoncer la prochaine arrivée de son fils ; ses forces lui reviennent ; il écoute, et ce qu'il apprend, c'est le refus définitif de le laisser venir auprès de lui. Le coup était porté ; l'infortuné comte de Saint-Leu n'y survécut pas.

» Il n'était déjà plus, et son fils espérait encore qu'une pudeur tardive ferait révoquer, enfin, la défense barbare qui le désolait. Aussi, quand il apprit sa mort, son affliction fut-elle extrême. Les personnes qui étaient près de lui en ce moment, garderont un long souvenir de leurs impressions. Il était blessé au cœur, et ses efforts, pour concentrer sa douleur en lui-même, et pour ne pas laisser voir à quel point il souffrait, ne se révélaient que trop par la brûlante effusion de ses larmes.

» Il venait de subir une dernière et cruelle épreuve, une épreuve à laquelle il n'y avait point de compensation possible. » (*Id., ibid., passim.*)

Veut-on savoir la cause intime et secrète de la *force* et de la *douceur* qui se fusionnent si harmonieusement dans l'âme de Napoléon III ?

Cette cause, la voilà : c'est le rayonnement combiné du rare bonheur de sa première éducation et de l'épreuve de la souffrance, dont nous venons d'analyser, trop rapidement, les trois phases principales.

IV

SON CARACTÈRE

Oui, c'est de là qu'en vertu des lois fondamentales de la psychologie, est sorti le caractère, si remarquable, de Napoléon III, devant lequel certains esprits superficiels restent tout ébahis et tout stupéfaits, comme devant un mystère.

Oubliant, en effet, que *les extrêmes se touchent,* ces esprits, irréfléchis et étroits, n'admettent pas que *la force* aille avec *la douceur* ni *la douceur* avec *la force.*

C'est, néanmoins, bien élémentaire ; car, la force, qu'est-elle, sans la douceur?

La force, sans la douceur, n'est pas autre chose que la dépense inutile des moyens d'action, parce qu'elle s'éparpille follement dans la violence.

La douceur, au contraire, sachant se contenir à propos, est l'application féconde de ces moyens.

Il suit de là qu'on est fort parce qu'on est doux, et qu'on est doux parce qu'on est fort.

Qui ne reconnaîtrait à ce type tout particulier Napoléon III?

Personne — je suppose — ne contestera sa force : la force, en effet, est le point saillant de sa personnalité dans la vie publique.

Nul n'y apporte plus de réflexion et de sang-froid.

Il sait, à son gré, se recueillir en lui-même, et, dans cette concentration intérieure, il ramasse toutes les facultés et toutes les puissances de son âme ; il les lie, comme en un faisceau, sous l'empire absolu d'une volonté souveraine ; et c'est ainsi qu'il est progressivement arrivé à ce degré supérieur de force morale qu'on lui connaît. Il y a en lui comme une citadelle, au haut de laquelle commande une volonté de fer ; enfermé là comme dans une retraite profonde, dont il cache aux ennemis du dehors les insondables détours, il est inexpugnable. Jamais il ne lui échappe une parole, un geste, un signe quelconque, capable de trahir sa pensée ou son désir.

Et ce que je dis là, ce n'est ni de la dissimulation vile, ni de la basse hypocrisie : c'est de la fermeté, c'est de la force morale, c'est du caractère, en un mot!

Il se possède admirablement, et il est parfaitement maître de lui-même : voilà tout!

Si, de la vie publique, nous passons à la vie intime, on dirait que Napoléon III, pour se venger de cette concentration officielle, que lui imposent fatalement la ruse et la fourberie de tant de Machiavels contemporains, laisse son cœur déborder à son aise; oui, il y a, dans ses rapports privés, je ne sais quel épanchement intarissable de sympathie et d'affabilité, qui, jaillissant de ses lèvres et de ses yeux, par l'émotion caressante de la voix et par le sourire bienveillant du regard, finit, dit-on, par lui gagner le cœur de tous ceux qui l'approchent.

Rien de plus charmant et de plus aimable, prétend-on, que ces effusions spontanées de la confiance et de l'amitié!

Ce n'est plus la gravité mâle et sévère d'un homme, c'est la sensibilité exquise et la grâce expansive d'une femme.

Je dois avertir humblement ici que, n'ayant jamais eu l'honneur d'avoir même une audience de l'Empereur, je ne suis que l'écho fidèle de ceux que leur position ou des circonstances mettent fréquemment en rapport avec lui.

V

SES ÉTUDES ET SES OUVRAGES

C'eût été déjà beaucoup que le rare bonheur de sa première éducation et les étranges vicissitudes de son enfance et de sa jeunesse eussent si bien contribué, tour à tour, à former le caractère de Napoléon III; car une des choses les plus essentielles dans ce monde — la plus essentielle peut-être — n'est-ce pas la *trempe* du caractère?

Mais ils contribuèrent, en outre, à lui donner le goût de la culture des lettres et des sciences.

Doué d'un esprit hors ligne, comme son cœur, il sut utiliser, sur la terre étrangère, les longues heures de la solitude et du délaissement; non, il ne gaspilla pas son temps dans le vide et la dissipation, au milieu des vaines distractions d'une cour splendide et bruyante.

Sa cour, à cette époque, — car il s'en fit une, à son gré, calme et sérieuse, — sa cour, ce furent les livres ; son sceptre, ce fut la plume.

Il s'adonna à l'étude, avec toute l'ardeur et toute l'avidité d'une intelligence vive et pénétrante, large et profonde.

Il demanda à la science ses secrets, mais surtout ses secrets pratiques.

Néanmoins, il eut une prédilection bien marquée pour l'histoire ; l'histoire fut sa passion.

La science, en général, fait connaître les choses ; l'histoire, en particulier, fait connaître les hommes ; et ce sont les hommes, principalement, dont il s'appliqua à saisir les mœurs, les aptitudes et les faiblesses.

Mais ce trésor d'érudition, d'idées et de réflexions, puisé dans l'étude approfondie de l'histoire, il ne se contenta pas de le posséder pour lui seul : il voulut le communiquer à ses contemporains et à la postérité, et il a versé, à flots, toutes ses richesses historiques dans les cinq volumes de ses œuvres, notamment dans son *Histoire de César*.

Tout critique impartial et sincère conviendra qu'au milieu de tant d'autres volumes d'à-présent, si décousus et si flasques, ces cinq volumes de Napoléon III sont vraiment remarquables, parce qu'ils sont pleins de principes arrêtés, et écrits d'un style vigoureux comme sa volonté.

Eh ! pouvait-il en être autrement, puisque *le style c'est l'homme*.

Aussi, son style, à lui, est-ce du *Tacite* et du *César* fondus ensemble dans une harmonieuse unité.

La mâle énergie des pensées s'y marie merveilleusement à la vivacité du coloris dans les images.

Je n'ai parlé, jusqu'ici, que des ouvrages adressés plus directement au public, et destinés à avoir une portée sociale. Voilà pourquoi ils portent, d'une manière plus tranchée, le reflet de ce côté de son caractère, qui est *la force*.

Que dirai-je des pages, d'un genre tout différent, sorties de sa plume pour apporter à des cœurs amis la confidence de ses pensées les plus intimes et de ses sentiments les plus secrets?

Qu'on lise l'*Exil*, l'*Idéal, Aux Mânes de l'Empereur,* les quelques mots sur *Joseph-Napoléon Bonaparte,* et surtout la *Lettre à sa Mère;* et l'on verra si *la douceur,* qui est l'autre côté de son caractère, ne coule pas, goutte à goutte, à travers ces lignes d'une poésie si suave, dans les nuances délicates d'une littérature toute palpitante de tendresse et de rêverie.

VI

SON IDÉE FIXE

Mais, au milieu de ces excursions à travers le royaume idéal de la pensée et du sentiment, son âme avait beau faire : elle se trouvait toujours face à face avec une idée; ou plutôt cette idée avait tellement germé en lui et avait pris si profondément racine dans tous les plis et les replis de son être, qu'il ne pouvait plus s'en débarrasser : elle était le rêve de ses jours et le cauchemar de ses nuits.

Cette *idée fixe* était celle de la résurrection de l'Empire.

Ni la chute et la proscription de la dynastie napoléonienne, ni l'infériorité de son rang hiérarchique parmi les membres de sa famille, n'étaient capables de le désenchanter de cette idée fascinatrice.

La chute et la proscription de la dynastie napoléonnienne! Quelle chute et quelle proscription que celles-là! Elles eussent suffi pour tuer à jamais l'espérance dans tout autre cœur que le sien!

A l'époque de sa naissance, — comme je l'ai déjà fait remarquer, — son oncle, Napoléon Ier, touchait à l'apogée de la gloire : c'était — suivant les expressions de certains écrivains c'était l'Alexandre, le César, le Charlemagne des temps modernes.

Mais, hélas ! plus le soleil de cette gloire était radieux à son midi, plus les ténèbres qui descendirent sur cette splendeur inouïe furent épaisses : ce fut comme la fin d'un beau jour, qui s'éteignit lugubrement, derrière un sombre rideau de nuages.

Du 20 avril 1808 au 5 mai 1821, il y avait loin, bien loin !

Le 5 mai 1821, c'était le rocher nu de l'île Sainte-Hélène, allongeant sa blafarde silhouette sur les flots plaintifs de l'Océan Atlantique, et dans ce rocher, c'était un tombeau, où venait d'être enseveli le chef de la dynastie napoléonienne !

D'un bout de l'Europe à l'autre, et même jusqu'aux extrémités du monde, cette lamentable nouvelle avait retenti, comme un coup de tonnerre :

— *L'Empereur Napoléon est mort !*

Et l'Empereur étant mort, c'était son fils, qui devait, d'après le *sénatus-consulte organique du 28 floréal an XII*, régner à sa place.

Mais à une condition : c'est que le père aurait expiré dans le plein exercice de sa puissance.

Aussi, le fils, au lieu de monter sur le trône, dut-il partir pour la terre étrangère, et c'est là, dans l'exil, qu'il s'évanouit comme un fantôme. Évanouir, c'est bien le mot ; car, autant la mort de l'Empereur avait eu de retentissement, autant celle de son fils fut enveloppée d'obscurité et de silence. C'est à peine si, un jour, on fit savoir officiellement aux cours intéressées, que l'unique rejeton de l'Empereur venait de s'endormir du dernier sommeil, dans un coin ignoré d'un duché d'Autriche ; et puis, après cette notification banale, le mystère, avec l'oubli, ne tarda pas à s'asseoir mélancoliquement sur ce sépulcre muet, pour le sceller à tout jamais.

Après la mort de l'Empereur, après la mort de son fils, il ne restait plus rien. Je me trompe : il restait *l'ombre d'un grand nom,* l'ombre du nom de Napoléon — *magni nominis umbra!*

Et cette ombre d'un grand nom était encore quelque chose ; c'était si bien quelque chose, qu'elle suffit, après Dieu, pour guider et soutenir le Neveu, à travers toutes les péripéties de son existence.

Je dis *après Dieu;* car il est impossible de ne pas admettre ici l'intervention de Dieu.

Pourquoi, en effet, le neveu se serait-il senti, plus que tous les autres, le besoin irrésistible de ressusciter la gloire de ce nom de Napoléon ?

Est-ce que, d'après le sénatus-consulte organique du 28 floréal an XII, il n'y avait pas, avant lui, son oncle Joseph Bonaparte, son père Louis Bonaparte, et son frère Louis-Charles Bonaparte?

Mais non, c'était lui qui était l'élu entre tous!

Aussi, par dessus la tête de son oncle, par dessus la tête de son père, par dessus la tête de son frère, voyait-il se dresser toujours, devant lui, le trône héréditaire de Napoléon.

Les dynasties avaient beau se succéder, en se renversant les unes les autres ; les révolutions avaient beau aller leur train, au profit d'autrui : n'importe, c'est ce trône qu'il contemplait plus haut et plus loin que ces dynasties et ces révolutions, dans la lumière dorée de ses espérances et de ses convictions.

Et il ne faut pas s'en étonner! C'est, qu'outre la *voix du sang*, il retentissait en lui une autre voix plus impérieuse, la voix de la Providence, qui l'appelait victorieusement.

VII

SES COURAGEUSES TENTATIVES

Poussé par l'instinct de famille et par sa vocation providentielle, il ne put pas rester insensible et inerte, loin du pays natal : il gémissait profondément de ce que la France, les bras pendants et les yeux baissés vers la terre, ne se levait plus, comme un seul homme, pour les nobles et grandes choses.

Il ne lui fut donné qu'une fois de s'électriser, au spectacle de son antique bravoure : c'est lorsque, pour la liberté et l'honneur du genre humain, il la vit attaquer et vaincre la piraterie à Alger, dans son plus redoutable repaire, et joindre l'Afrique à son territoire, comme une belle perle d'Orient à sa couronne guerrière.

Mais ce ne fut, hélas ! qu'un éclair de gloire !

Depuis lors, il l'aperçut, cette France bien-aimée, il l'aperçut s'enfonçant, de plus en plus, dans les épaisses réalités de la vie matérielle et dans la fange, plus épaisse encore, des instincts mauvais, favorisant l'intrigue, achetant les consciences au poids de l'or et de l'infamie, enchaînant la liberté d'enseignement, proscrivant les ordres religieux; permettant, soudoyant même, par dessous main, toute attaque et toute persécution contre la religion catholique et ses ministres; autorisant ouvertement ou clandestinement l'impression des livres les plus impies et les plus immoraux; du reste, mangeant, buvant, comme au temps de Balthazar, et, dans la crainte d'interrompre le cours de ses orgies, maintenant la paix à tout prix, la paix malgré la honte, la paix malgré les insultes, la paix malgré la risée de l'Europe !...

A la vue de cette décadence et de cet abaissement progressifs de la France, il bondit deux fois, d'abord à Strasbourg, en 1836 ; puis, à Boulogne. en 1840, avec tout l'entraînement d'un enfant indigné, qui veut absolument venger l'honneur de sa mère ; et deux fois, au lieu de la victoire, de la patrie et de la liberté, il ne rencontra que la défaite, l'exil et la captivité.

S'il avait réussi, il est probable que des pamphlétaires, qui sont les adorateurs du succès et rien que du succès, n'auraient pas donné à ces deux élans généreux de conviction patriotique le nom ignoble d'*échauffourées* de Strasbourg et de Boulogne !

Eh bien ! *échauffourées*, tant qu'on voudra !

Moi, j'aime mieux les appeler *des tentatives courageuses* : oui, *courageuses*, parce qu'à mon avis, il y avait de l'héroïsme à marcher en avant, tête baissée, sans hommes ni argent, en un mot, sans aucun des moyens accoutumés des conspirateurs vulgaires. N'était-ce pas là exposer tout ce qu'on a de plus précieux au monde, c'est-à-dire la vie, et la liberté, sans laquelle la vie n'est plus qu'un fardeau insupportable ?

Et c'est tout juste ce que Louis-Napoléon exposa avec un désintéressement plein de bravoure !

Je sais bien qu'en envisageant les résultats possibles de ces tentatives, il y avait, dans chacune d'elles, une incontestable imprudence, puisqu'elles auraient pu attirer sur la France d'incalculables calamités.

Louis-Napoléon lui-même l'a vu, après coup, mieux que qui que ce soit ; il a mieux fait que le voir, il l'a proclamé hautement dans ces paroles, que j'emprunte à une allocution adressée par lui, de vive voix, au maire de Ham : « Je ne saurais me glorifier d'une captivité qui avait pour cause l'attaque contre un gouvernement régulier. Quand on a vu combien les révolutions les plus justes entraînent de maux après elles, on comprend à peine l'audace d'avoir voulu assumer sur soi la terrible responsabilité d'un changement. Je ne me plains donc pas d'avoir expié ici, par un emprisonnement de six années, une témérité contre les lois de ma patrie, et c'est

» avec bonheur que, dans les lieux mêmes où j'ai souffert, je » vous propose un toast en l'honneur des hommes qui sont » déterminés, malgré leurs convictions, à respecter les institu- » tions de leur pays. »

Quoi qu'il en soit, ces deux courageuses tentatives ayant avorté, Louis-Napoléon retomba, plus que jamais, entre les serres de l'adversité.

Jusque-là, en effet, les étranges vicissitudes de son enfance et de sa jeunesse n'avaient été que l'adversité fortuite, qui vient à nous inopinément, et qui s'assied à notre foyer sans nous en demander la permission.

Maintenant, au contraire, c'était une adversité d'un autre genre : c'était l'adversité recherchée, au-devant de laquelle on se jette volontairement.

Et c'est là qu'est le mérite, parce que c'est là qu'est le sacrifice de soi, et, par le sacrifice de soi, la condition vitale de la véritable grandeur de l'homme : oui, oui, l'on devient réellement, immanquablement homme, lorsqu'on se fait violence et qu'il y a effort généreux pour atteindre résolûment sa destinée !

C'était l'épreuve suprême, par laquelle la Providence voulait faire passer Louis-Napoléon, pour l'amener normalement à la maturité de l'homme complet.

Cette épreuve décisive étant achevée, Louis-Napoléon était prêt.

VIII

SON RETOUR DANS SA PATRIE

Il était prêt lorsque sa grande heure sonna; cette grande heure était celle de se dévouer tout entier au bonheur de la France, en remettant, enfin, le pied sur le sol de la mère-patrie.

La Providence sut lui en rouvrir le chemin; voici comment : C'était en février 1848. La famille d'Orléans est au comble de la prospérité. Louis-Philippe, admis au rang des premiers souverains de l'Europe, tous ses enfants convenablement établis, la guerre d'Afrique terminée par la soumission du chef des Arabes, des armées nombreuses et fidèles, la majorité des deux Chambres sincèrement dévouée, une année abondante succédant à une année de cherté; on ne craignait qu'une chose : la mort du roi, suivie d'une régence. Le roi ne meurt pas; mais, à propos d'un banquet, il y a une révolution complète, sans qu'elle ait été préméditée par personne, pas même par M. Odilon Barrot, qui en est le principal meneur. En vain, au milieu des bruits croissants et des envahissements rapides de l'émeute, Louis-Philippe abdique en faveur de son petit-fils, le comte de Paris, avec la régence de sa mère la duchesse d'Orléans, qui se présente, en conséquence, à la Chambre des Députés.

La Chambre ne veut ni de la Régente, ni de la famille d'Orléans, ni de la Chambre des Pairs, ni d'elle-même; car elle se dissout, après avoir nommé un gouvernement provisoire de sept membres, qui proclame immédiatement la République.

Pauvre dynastie d'Orléans!

Plus humiliée encore que celle des Bourbons, dont on accompagna, du moins, le chef jusqu'à Cherbourg, avec un dernier reste d'honneurs militaires, elle est congédiée tellement à l'improviste, qu'elle n'a pas même le temps de prendre des habits et des provisions de voyage.

En attendant, que se passe-t-il?

La nouvelle de la Révolution de Février arrive à Londres; à peine informé de ce grand événement, le prince Louis-Napoléon se rend à Paris, et adresse aux membres du Gouvernement provisoire la lettre suivante :

« Messieurs,

» Le Peuple de Paris ayant détruit, par son héroïsme, les derniers vestiges de l'invasion étrangère, j'accours de l'exil pour me ranger sous le drapeau de la République, qu'on vient de proclamer.

» Sans autre ambition que celle de servir mon pays, je viens annoncer mon arrivée aux membres du Gouvernement provisoire, et les assurer de mon dévouement à la cause qu'ils représentent, comme de ma sympathie pour leurs personnes.

» Agréez, Messieurs, l'assurance de mes sentiments.

» Louis-Napoléon Bonaparte. »

Il faut avouer que c'était là une belle manière de rentrer dans sa patrie et de lui faire ses offres de service.

Mais des parvenus, qui s'accrochent au pouvoir de façon à le garder tout pour eux, s'occupent bien peu de la noblesse des sentiments et de la franchise d'un patriotisme vrai!

Le Gouvernement provisoire ayant craint que la présence à Paris d'un neveu de l'Empereur ne fût une cause de trouble et d'embarras, le prince Louis-Napoléon quitte Paris après avoir adressé la lettre suivante aux membres du Gouvernement provisoire :

« Messieurs,

» Après trente-trois années d'exil et de persécution, je croyais avoir acquis le droit de retrouver un foyer sur le sol de la patrie.

» Vous pensez que ma présence à Paris est maintenant un sujet d'embarras : je m'éloigne donc momentanément. Vous verrez dans ce sacrifice la pureté de mes intentions et de mon patriotisme.

» Recevez, Messieurs, l'assurance de mes sentiments de haute estime et de sympathie.

» LOUIS-NAPOLÉON BONAPARTE. »

Si la rentrée de Louis-Napoléon en France avait été pleine de grandeur et de magnanimité, à cause de son attachement à son pays, sa sortie n'était pas moins admirable, à cause de son amour de l'ordre et de la paix.

Il partit de corps, mais il resta d'esprit et de cœur, et cet esprit et ce cœur, sans aucune espèce d'intrigue, rayonnèrent spontanément autour d'eux, et exercèrent, d'un bout de la France à l'autre, une influence magnétique.

Que dis-je, *intrigue?* Non, non. Louis-Napoléon n'avait nul besoin de descendre jusqu'à cette lâcheté des ambitieux de bas étage.

Ce n'était pas le Peuple français qui avait chassé la dynastie napoléonienne : ce n'était que la jalousie des baïonnettes étrangères !

Au contraire, le Peuple français n'avait nullement cessé de tenir, par le fond des entrailles, à l'Empereur et à sa famille, depuis le jour où, sur 3,524,254 votants, il avait déclaré, à la majorité de 3,321,675 suffrages, *la dignité impériale héréditaire dans la famille de Napoléon Bonaparte et dans celles de ses frères, Joseph et Louis Bonaparte.*

Aussi, dès que son héritier présomptif, en débarquant en France, après trente-trois ans d'absence, se fut rapproché de ce peuple si sympathique, ce fut comme une commotion électrique, qui alla réveiller son inextinguible dévouement aux Napoléons.

Louis-Napoléon eut beau s'éloigner de nouveau, le Peuple français le suivit de ses vœux et de sa prédilection.

IX

SA NOMINATION COMME REPRÉSENTANT DU PEUPLE

Voilà pourquoi, les collèges électoraux ayant été convoqués pour le 3 juin, afin de remplir les vides laissés dans l'Assemblée par plusieurs élections doubles ou nulles, diverses candidatures sont offertes à Louis-Napoléon, qui déclare qu'il ne les acceptera pas. Néanmoins, le Prince est élu par la Seine, l'Yonne, la Charente-Inférieure et la Corse.

Informé de son élection, le Prince adresse aux électeurs des remerciements ainsi conçus :

« CITOYENS !

» Vos suffrages me pénètrent de reconnaissance. Cette marque de sympathie, d'autant plus flatteuse que je ne l'avais point sollicitée, vient me trouver au moment où je regrettais de rester inactif, alors que la patrie a besoin du concours de tous ses enfants pour sortir des circonstances difficiles où elle se trouve placée.

» Votre confiance m'impose des devoirs que je saurai remplir; nos intérêts, nos sentiments, nos vœux sont les mêmes. Enfant de Paris, aujourd'hui représentant du Peuple, je joindrai mes efforts à ceux de mes collègues pour rétablir l'ordre, le crédit, le travail, pour assurer la paix extérieure, pour consolider les institutions démocratiques, et concilier entre eux des intérêts qui semblent hostiles aujourd'hui, parce qu'ils se soupçonnent et se heurtent, au lieu de marcher ensemble vers un but unique : la prospérité et la grandeur du pays.

» Le Peuple est libre depuis le 24 février; il peut tout obtenir sans avoir recours à la force brutale.

» Rallions-nous donc autour de l'autel de la patrie, sous le drapeau de la République, et donnons au monde ce grand spectacle d'un peuple qui se régénère sans violence, sans guerre civile, sans anarchie.

» Recevez, mes chers concitoyens, l'assurance de mon dévouement et de mes sympathies.

» LOUIS-NAPOLÉON BONAPARTE.

» Londres, le 11 mai 1848. »

Dans une république, le Peuple, puisqu'il est souverain, a seul le droit de choisir les mandataires de son pouvoir.

Les membres de la Commission exécutive l'admettaient bien pour eux.

Pourquoi ne l'admirent-ils pas également pour Louis-Napoléon?

Mais non : — tout pour eux! rien pour les autres! — telle était, dans ce temps-là, — comme dans tous les autres temps, du reste, — la logique impudente de ces prôneurs hypocrites de l'égalité!

C'était pourtant à la fois criant et absurde!

Aussi, « la Commission exécutive ayant fait proposer aux bureaux de l'Assemblée d'annuler la quadruple élection de Louis-Napoléon et de maintenir contre lui la loi qui exile du territoire français la famille Bonaparte, le Prince envoie-t-il de Londres la protestation suivante :

« Citoyens Représentants,

» J'apprends, par les journaux, qu'on a proposé, dans les bureaux de l'Assemblée, de maintenir contre moi seul la loi d'exil qui frappe ma famille depuis 1816; je viens demander aux Représentants du Peuple pourquoi je mériterais une semblable peine.

» Serait-ce pour avoir publiquement déclaré que, dans mes opinions, la France n'était l'apanage ni d'un homme, ni d'une famille, ni d'un parti?

» Serait-ce parce que, désirant faire triompher, sans anarchie ni licence, le principe de la souveraineté nationale, qui, seul, pouvait mettre un terme à nos dissensions, j'ai deux fois été victime de mon hostilité contre le gouvernement que vous avez renversé?

» Serait-ce pour avoir consenti, par déférence pour le Gouvernement provisoire, à retourner à l'étranger, après être accouru à Paris, au bruit de la révolution?

» Serait-ce pour avoir refusé, par désintéressement, les candidatures à l'Assemblée qui m'étaient proposées, résolu de ne retourner en France que lorsque la nouvelle Constitution serait établie et la République affermie?

» Les mêmes raisons qui m'ont fait prendre les armes contre le gouvernement de Louis-Philippe, me porteraient, si l'on réclamait mes services, à me dévouer à l'Assemblée, résultat du suffrage universel.

» En présence d'un roi élu par deux cents députés, je pouvais me souvenir que j'étais l'héritier d'un empire fondé par quatre millions de Français.

» En présence de la souveraineté nationale, je ne peux et ne veux revendiquer que mes droits de citoyen français ; mais ceux-là, je les réclamerai sans cesse, avec l'énergie que donne à un cœur honnête le sentiment de n'avoir jamais démérité de la patrie.

» Recevez, Messieurs, l'assurance de mes sentiments de haute estime.

» Louis-Napoléon Bonaparte. »

L'Assemblée nationale (plus raisonnable, parce qu'elle était plus fidèle au véritable esprit de la République) repousse le projet de décret proposé par la Commission du Pouvoir exécutif, et admet Louis-Napoléon.

Cependant, l'élection du neveu de l'Empereur avait produit une vive sensation, et les fauteurs de trouble, les mécontents de tous les partis cherchaient à exploiter l'émotion générale à leur profit et pour la perte du nouvel élu.

Louis-Napoléon en est informé, et il écrit la lettre suivante au président de l'Assemblée nationale :

« Londres, 14 juin 1848.

» Monsieur le Président,

» Je partais pour me rendre à mon poste, quand j'apprends que mon élection sert de prétexte à des troubles déplorables et à des erreurs. Je n'ai pas cherché l'honneur d'être représentant du Peuple, parce que je savais les soupçons injurieux dont j'étais l'objet ; je rechercherai encore moins le pouvoir. Si le Peuple m'imposait des devoirs, je saurais les remplir.

» Mais je désavoue tous ceux qui me prêtent des intentions ambitieuses que je n'ai pas. Mon nom est un symbole d'ordre, de nationalité, de gloire, et ce serait avec la plus vive douleur que je le verrais servir à augmenter les troubles et les déchirements de la patrie. Pour éviter un tel malheur, je resterais plutôt en exil.

» Je suis prêt à tous les sacrifices pour le bonheur de la France.

» Ayez la bonté, Monsieur le Président, de donner communication de ma lettre à l'Assemblée. Je vous envoie une copie de mes remerciements aux électeurs.

» Recevez l'assurance de mes sentiments distingués.

» LOUIS-NAPOLÉON BONAPARTE. »

Ces paroles (empreintes d'un patriotisme si ardent et si désintéressé) ne peuvent désarmer quelques ennemis passionnés de Louis-Napoléon. Ils se soulèvent contre lui, dans l'Assemblée, avec une nouvelle fureur.

Louis-Napoléon met, par cette lettre, un terme à ces débats :

« Londres, 15 juin 1848.

» MONSIEUR LE PRÉSIDENT,

» J'étais fier d'avoir été élu représentant à Paris et dans trois autres départements; c'était, à mes yeux, une ample réparation pour trente années d'exil et six ans de captivité; mais les soupçons injurieux qu'a fait naître mon élection, mais les troubles dont elle a été le prétexte, mais l'hostilité du pouvoir exécutif m'imposent le devoir de refuser un honneur qu'on croit avoir été obtenu par l'intrigue.

» Je désire l'ordre et le maintien d'une république sage, grande, intelligente, et puisque involontairement je favorise le désordre, je dépose, non sans de vifs regrets, ma démission entre vos mains.

» Bientôt, je l'espère, le calme renaîtra et me permettra de rentrer en France, comme le plus simple des citoyens, et aussi comme un des plus dévoués au repos et à la prospérité de son pays.

» Recevez, Monsieur le Président, l'assurance de mes sentiments les plus distingués.

» LOUIS-NAPOLÉON BONAPARTE. »

De nouvelles élections se préparent, le nom de Napoléon est dans toutes les bouches; le général Piat écrit au Prince pour lui demander s'il accepte la candidature. Louis-Napoléon lui répond :

« GÉNÉRAL,

» Vous me demandez si j'accepterais le mandat de réprésentant du Peuple, dans le cas où je serais réélu; je vous réponds oui, sans hésiter.

» Aujourd'hui qu'il a été démontré sans réplique que mon élection dans quatre départements (non compris la Corse) n'a pas été le résultat d'une intrigue, et que je suis resté étranger à toute manifestation, à toute manœuvre politique, je croirais manquer à mon devoir si je ne répondais pas à l'appel de mes concitoyens.

» Mon nom ne peut plus être un prétexte de désordres. Il me tarde donc de rentrer en France et de m'asseoir au milieu des représentants du Peuple qui veulent organiser la République sur des bases larges et solides. Pour rendre le retour des gouvernements passés impossible, il n'y a qu'un moyen : c'est de faire mieux qu'eux; car, vous le savez Général, on ne détruit réellement que ce qu'on remplace.

» Recevez, Général, la nouvelle assurance de mes sentiments d'estime et d'amitié.

» LOUIS-NAPOLÉON BONAPARTE. »

Trois cent mille suffrages proclament, pour la troisième fois, Louis-Napoléon représentant du Peuple.

X

SON ADMISSION A L'ASSEMBLÉE NATIONALE

Le Prince se rend à Paris, et vient prendre sa place à l'Assemblée nationale, le 26 septembre 1848.

Son admission, cette fois, est prononcée sans protestation.

Louis-Napoléon demande la parole, et dit :

« CITOYENS REPRÉSENTANTS,

» Il ne m'est pas permis de garder le silence, après les calomnies dont j'ai été l'objet.

« J'ai besoin d'exprimer ici hautement, et dès le premier jour où il m'est permis de siéger parmi vous, les vrais sentiments qui m'animent et qui m'ont toujours animé.

» Après trente-trois ans de proscription et d'exil, je retrouve enfin ma patrie et tous mes droits de citoyen!

» La République m'a fait ce bonheur; que la République reçoive mon serment de reconnaissance, mon serment de dévouement, et que les généreux compatriotes qui m'ont porté dans cette enceinte soient certains que je m'efforcerai de justifier leurs suffrages en travaillant avec vous au maintien de la tranquillité, ce premier besoin du pays, et au développement des institutions démocratiques que le Peuple a droit de réclamer.

» Longtemps, je n'ai pu consacrer à la France que les méditations de l'exil et de la captivité. Aujourd'hui, la carrière où vous marchez m'est ouverte : recevez-moi dans vos rangs, mes chers collègues, avec le même sentiment d'affectueuse confiance que j'y apporte.

» Ma conduite, toujours inspirée par le devoir, toujours animée par le respect de la loi, ma conduite prouvera, à l'encontre des passions qui ont essayé de me noircir pour me proscrire encore, que nul ici plus que moi n'est résolu à se dévouer à la défense de l'ordre et à l'affermissement de la République ! »

Ces paroles, favorablement accueillies par l'Assemblée, ramènent à Louis-Napoléon la plupart de ceux-là mêmes qu'on avait un moment rendus ses adversaires.

L'Assemblée constituante, quelques jours après, vote, *à l'unanimité des suffrages,* le décret suivant, dernière condamnation du projet de décret présenté le 12 juin :

« L'article 6 de la loi du 8 avril 1832, relative au bannissement de la famille Bonaparte, est abrogé. »

Louis-Napoléon, néanmoins, fut encore attaqué, dans le sein de l'Assemblée nationale, le 25 octobre.

Le Prince répondit, le lendemain, à ces nouvelles attaques :

« Citoyens Représentants,

» L'incident regrettable qui s'est élevé hier à mon sujet ne me permet pas de me taire. Je déplore profondément d'être obligé de parler encore de moi, car il me répugne de voir porter sans cesse devant l'Assemblée des questions personnelles, alors que nous n'avons pas un moment à perdre pour nous occuper des graves intérêts de la patrie.

» Je ne parlerai point de mes sentiments ni de mes opinions ; je les ai déjà manifestés devant vous, et jamais personne n'a pu encore douter de ma parole.

» Quant à ma conduite parlementaire, de même que je ne me permettrai jamais de demander à aucun de mes collègues compte de celle qu'il croira devoir tenir, de même je ne reconnais à aucun d'eux le droit de m'interpeller sur la mienne; ce compte, je ne le dois qu'à mes commettants.

» De quoi m'accuse-t-on? D'accepter, des sentiments populaires, une candidature que je n'ai pas réclamée?

» Eh bien! oui, je l'accepte, cette candidature qui m'honore. Je l'accepte, parce que trois élections successives et le décret unanime de l'Assemblée nationale contre la proscription de ma famille m'autorisent à croire que la France regarde le nom que je porte comme pouvant servir à la consolidation de la société ébranlée jusque dans ses fondements, à l'affermissement et à la prospérité de la République.

» Que ceux qui m'accusent d'ambition connaissent peu mon cœur! Si un devoir impérieux ne me retenait pas ici, si la sympathie de mes concitoyens ne me consolait pas de l'animosité de quelques attaques et de l'impétuosité même de quelques défenses, il y a longtemps que j'aurais regretté l'exil.

» On me reproche mon silence! Il n'est donné qu'à peu de personnes d'apporter ici une parole éloquente au service d'idées justes et saines.

» N'y a-t-il donc qu'un seul moyen de servir son pays? Ce qu'il lui faut, surtout, ce sont des actes; ce qu'il lui faut, c'est un gouvernement ferme, intelligent et sage, qui pense plus à guérir les maux de la société qu'à les venger; un gouvernement qui se mette franchement à la tête des idées vraies, pour repousser ainsi, mille fois mieux que par les baïonnettes, les théories qui ne sont pas fondées sur l'expérience et la raison.

» Je sais qu'on veut semer mon chemin d'écueils et d'embûches : je n'y tomberai pas. Je suivrai toujours, comme je l'entends, la ligne que je me suis tracée, sans m'inquiéter, sans m'arrêter. Rien ne m'ôtera mon calme, rien ne me fera oublier mes devoirs.

» Je n'ai qu'un but, c'est de mériter l'estime de l'Assemblée, et, avec cette estime, celle de tous les hommes de bien et la confiance de ce Peuple magnanime qu'on a si légèrement traité hier.

» Je déclare donc à ceux qui voudraient organiser contre moi un système de provocation, que, dorénavant, je ne répondrai à aucune interpellation, à aucune espèce d'attaque. Je ne répondrai pas à ceux qui voudraient me faire parler, alors que je veux me taire.

» Je resterai inébranlable contre toutes les attaques, impassible contre toutes les calomnies. »

L'Assemblée tout entière accueille ce discours par ses acclamations.

Pour peu qu'on y réfléchisse sérieusement, l'ésprit passe d'étonnement en étonnement, à la vue de la marche ascendante de Louis-Napoléon, depuis le premier instant de la proclamation de la République. On le chassait de Paris, et il y rentre; on ne voulait pas qu'il fût nommé représentant du Peuple, et il le devient; on lui fermait les portes de l'Assemblée constituante, et il y est reçu. C'est ainsi que le *retour* de Louis-Napoléon *dans sa patrie*, sa *nomination comme représentant*, et son *admission à l'Assemblée nationale* s'effectuèrent à travers la Révolution de Février, à travers les jalousies du Gouvernement provisoire, à travers les antipathies de l'Assemblée constituante.

L'intervention de la Providence n'est-elle pas trois fois visible dans ce *retour*, dans cette *nomination* et dans cette *admission?*

XI

SON ÉLECTION A LA PRÉSIDENCE DE LA RÉPUBLIQUE (1848)

Mais cette intervention merveilleuse est encore plus visible dans son *élection à la présidence de la République.*

La Commission exécutive, irrévocablement convaincue de son impuissance par le débordement fatal des trop *fameuses journées de Juin,* avait été réduite à s'annuler elle-même par un suicide forcé.

L'Assemblée nationale avait remis alors le pouvoir exécutif entre les mains du général Cavaignac, qui s'était empressé de déclarer Paris en état de siége.

Cependant, le mandat temporaire du nouveau dictateur touchait à son terme.

Il fallait procéder à l'élection d'un *Président de la République.*

Que fait alors Louis-Napoléon?

En homme loyal, qui ne rampe pas dans l'ombre, mais qui s'avance, au contraire, visière levée et le visage découvert, il fait franchement sa profession de foi gouvernementale; quelques jours avant le vote du 10 décembre, il adresse à ses concitoyens le manifeste suivant :

LOUIS-NAPOLÉON BONAPARTE
à ses Concitoyens.

« Pour me rappeler de l'exil, vous m'avez nommé représentant du Peuple.

» A la veille d'élire le premier magistrat de la République, mon nom se présente à vous comme symbole d'ordre et de sécurité.

» Ces témoignages d'une confiance si honorable s'adressent, je le sais, bien plus à mon nom qu'à moi-même, qui n'ai rien fait encore pour mon pays; mais, plus la mémoire de l'Empereur me protége et inspire vos suffrages, plus je me sens obligé de vous faire connaître mes sentiments et mes principes. Il ne faut pas qu'il y ait d'équivoque entre vous et moi.

» Je ne suis pas un ambitieux qui rêve tantôt l'Empire et la guerre, tantôt l'application de théories subversives. Élevé dans les pays libres, à l'école du malheur, je resterai toujours fidèle aux devoirs que m'imposeront vos suffrages et les volontés de l'Assemblée.

» Si j'étais nommé Président, je ne reculerais devant aucun danger, devant aucun sacrifice, pour défendre la société, si audacieusement attaquée; je me dévouerais tout entier, sans arrière-pensée, à l'affermissement d'une république sage par ses lois, honnête par ses intentions, grande et forte par ses actes.

» Je mettrais mon honneur à laisser, au bout de quatre ans, à mon successeur, le pouvoir affermi, la liberté intacte, un progrès réel accompli.

» Quel que soit le résultat de l'élection, je m'inclinerai devant la volonté du Peuple, et mon concours est acquis d'avance à tout gouvernement juste et ferme, qui rétablisse l'ordre dans les esprits comme dans les choses, qui protége efficacement la religion, la famille, la propriété, bases éternelles de tout état social; qui provoque les réformes possibles, calme les haines, réconcilie les parties, et permette ainsi à la patrie inquiète de compter sur un lendemain.

» Rétablir l'ordre, c'est ramener la confiance; pourvoir, par le crédit, à l'insuffisance passagère des ressources; restaurer les finances.

» Protéger la religion et la famille, c'est assurer la liberté des cultes et la liberté de l'enseignement.

» Protéger la propriété, c'est maintenir l'inviolabilité des produits de tous les travaux ; c'est garantir l'indépendance et la sécurité de la possession, fondements indispensables de la liberté civile.

» Quant aux réformes possibles, voici celles qui me paraissent les plus urgentes :

» Admettre toutes les économies qui, sans désorganiser les services publics, permettent la diminution des impôts les plus onéreux au Peuple; encourager les entreprises qui, en développant les richesses de l'agriculture, peuvent, en France et en Algérie, donner du travail aux bras inoccupés; pourvoir à la vieillesse des travailleurs par des institutions de prévoyance; introduire dans nos lois industrielles les améliorations qui tendent, non à ruiner le riche au profit du pauvre, mais à fonder le bien-être de chacun sur la prospérité de tous;

» Restreindre, dans de justes limites, le nombre des emplois qui dépendent du pouvoir, et qui souvent font d'un peuple libre un peuple de solliciteurs;

» Éviter cette tendance funeste qui entraîne l'État à exécuter lui-même ce que les particuliers peuvent faire aussi bien et mieux que lui. La centralisation des intérêts et des entreprises est dans la nature du despotisme. La nature de la République repousse le monopole;

» Enfin, préserver la liberté de la presse des deux excès qui la compromettent toujours : l'arbitraire et sa propre licence.

» Avec la guerre, point de soulagement à nos maux. La paix serait donc le plus cher de mes désirs. La France, lors de sa première Révolution, a été guerrière parce qu'on l'avait forcée de l'être. A l'invasion, elle répondit par la conquête. Aujourd'hui qu'elle n'est pas provoquée, elle peut consacrer des ressources aux améliorations pacifiques, sans renoncer à une politique loyale et résolue. Une grande nation doit se taire ou ne jamais parler en vain.

» Songer à la dignité nationale, c'est songer à l'armée, dont le patriotisme si noble et si désintéressé a été souvent méconnu. Il faut, tout en maintenant les lois fondamentales qui font la force de notre organisation militaire, alléger et non aggraver le fardeau de la conscription. Il faut veiller au présent et à l'avenir, non-seulement des officiers, mais aussi des sous-officiers et des soldats, et préparer aux hommes qui ont servi longtemps sous les drapeaux une existence assurée.

» La République doit être généreuse et avoir foi dans son avenir; aussi, moi, qui ai connu l'exil et la captivité, j'appelle de tous mes vœux le jour où la patrie pourra sans danger faire cesser toutes les proscriptions et effacer les dernières traces de nos discordes civiles.

» Telles sont, mes chers concitoyens, les idées que j'apporterais dans l'exercice du pouvoir, si vous m'appeliez à la présidence de la République.

» La tâche est difficile, la mission immense, je le sais! Mais je ne désespérerais pas de l'accomplir, en conviant à l'œuvre, sans distinction de parti, les hommes que recommandent à l'opinion publique leur haute intelligence et leur probité.

» D'ailleurs, quand on a l'honneur d'être à la tête du Peuple français, il y a un moyen infaillible de faire le bien : c'est de le vouloir.

» LOUIS-NAPOLÉON BONAPARTE. »

Comment résister à un tel programme politique?

On sent qu'il y a là-dessous ce que nous appelons, — nous, à notre point de vue catholique, — la *grâce d'état*, pour trouver le chemin des volontés.

Mais il y eut autre chose, qui vient après : c'est l'action divine, pour les mettre en branle.

L'Assemblée constituante s'était prononcée pour le général Cavaignac.

N'importe, ce ne fut pas le vœu du pays.

Lorsque Dieu veut mouvoir, à son gré, un peuple, il n'a qu'à lui mettre au cœur un double amour : l'amour de la gloire nationale et l'amour de la religion des ancêtres; c'est précisément ce double amour qu'il éveilla dans le cœur du Peuple français, pour lui faire élire Louis-Napoléon président de la République. Oui, Louis-Napoléon, neveu de l'Empereur et fils du roi Louis de Hollande, fut généralement élu par la France militaire et par la France catholique !

La France militaire, ce n'étaient pas seulement les vieux soldats de l'Empire, qui avaient survécu à tant de leurs camarades, morts au champ d'honneur; c'étaient encore tous leurs enfants, c'était nous, en qui ils avaient allumé leur dévouement, — disons le mot, — leur passion pour l'Empereur, par le récit animé et patriotique de ses batailles et de ses victoires! Oui, la mémoire du grand capitaine, — ou, si vous aimez mieux, du *Petit Caporal*, — était toute vivante et toute chaude dans le cœur de la France militaire.

Ce n'est pas tout. Cette mémoire était redevenue chère à la France catholique, à mesure qu'elle avait appris la manière édifiante dont il s'était réconcilié, à Sainte-Hélène, avec son Dieu et avec son Église.

Le roi Louis, de son côté, avait laissé, en Hollande, une si excellente renommée de bon roi et de bon catholique, que tous ceux qui en étaient instruits se sentaient portés naturellement à aimer son fils.

On disait encore que celui-ci avait montré une tendresse vraiment filiale et chrétienne envers sa mère, la reine Hortense, surtout dans ses derniers moments, pour lui procurer les secours de la religion. — (Rohrbacher : *Histoire univ. de l'Église cath.*, t. XXVIII, p. 530-531.)

Voilà pourquoi, le 10 décembre 1848, 5,587,759 suffrages appellent Louis-Napoléon Bonaparte à la Présidence de la République!

Le 20 décembre 1848, il est proclamé par l'Assemblée constituante. Le Prince prononce à la tribune le discours suivant :

« Citoyens Représentants,

» Les suffrages de la Nation et le serment que je viens de prêter commandent ma conduite future. Mon devoir est tracé; je le remplirai en homme d'honneur.

» Je verrai des ennemis de la patrie dans tous ceux qui tenteraient de changer, par des voies illégales, ce que la France entière a établi.

» Entre vous et moi, citoyens Représentants, il ne saurait y avoir de véritables dissentiments. Nos volontés, nos désirs sont les mêmes.

» Je veux, comme vous, rasseoir la société sur ses bases, affermir les institutions démocratiques, et rechercher tous les moyens propres à soulager les maux de ce Peuple généreux et intelligent qui vient de me donner un témoignage si éclatant de sa confiance.

» La majorité que j'ai obtenue, non-seulement me pénètre de reconnaissance, mais elle donnera au gouvernement nouveau la force morale sans laquelle il n'y a pas d'autorité.

» Avec la paix et l'ordre, notre pays peut se relever, guérir ses plaies, ramener les hommes égarés et calmer les passions.

» Animé de cet esprit de conciliation, j'ai appelé près de moi des hommes honnêtes, capables, et dévoués au pays, assuré que, malgré les diversités d'origine politique, ils sont d'accord pour concourir avec vous à l'application de la Constitution, au perfectionnement des lois, à la gloire de la République.

» La nouvelle administration, en entrant aux affaires, doit remercier celle qui la précède des efforts qu'elle a faits pour transmettre le pouvoir intact, pour maintenir la tranquillité publique.

» La conduite de l'honorable général Cavaignac a été digne de la loyauté de son caractère et de ce sentiment du devoir, qui est la première qualité du chef d'un État.

» Nous avons, citoyens Représentants, une grande mission à remplir : c'est de fonder une République dans l'intérêt de tous, et un gouvernement juste, ferme, qui soit animé d'un sincère amour du progrès, sans être réactionnaire ou utopiste.

» Soyons les hommes du pays, non les hommes d'un parti, et, Dieu aidant, nous ferons, du moins, le bien, si nous ne pouvons faire de grandes choses. »

A la fin de ce discours, qui fut fort applaudi, Louis-Napoléon alla serrer la main du général Cavaignac, en lui disant : « Général, je suis fier de succéder à un homme tel que vous!... »

Sa présidence, commencée le 20 décembre 1848, devait finir le 20 décembre 1852.

Qu'arriva-t-il?

L'Assemblée constituante avait rempli sa tâche de manière à perdre insensiblement la confiance publique; elle avait fabriqué une constitution telle quelle, mais sans la soumettre à la sanction du Peuple, dont elle proclamait pourtant la souveraineté.

Entre les deux candidats à la présidence de la République,

elle s'était prononcée pour le général Cavaignac, et le pays, à une immense majorité, — comme nous venons de le voir, — avait proclamé Louis-Napoléon.

Elle se trouvait ainsi en lutte et avec le pays et avec le Président.

Cependant, elle ne voulait pas s'en aller.

Outre la Constitution, elle prétendait encore fabriquer ce qu'elle qualifiait de *lois organiques*, et même gouverner à la place du Président de la République et de ses ministres.

On a dit que, pour devenir une nouvelle *Convention*, il ne lui manquait que la force.

Vaincue enfin par l'opinion générale de la France, elle finit, sans dignité, le 26 mai 1849, et fut remplacée aussitôt par l'Assemblée législative. — (Rohrbacher : *Hist. univ. de l'Égl. cath.*, p. 542-543.)

L'Assemblée législative ne valut guère mieux que l'Assemblée constituante.

Il ne faut nullement s'en étonner, parce qu'elle était, à sa façon, entachée d'une espèce de péché originel ; en effet, sur 750 membres dont elle était composée, il n'y avait pas moins de 211 socialistes.

De plus, combien n'y avait-il pas, dans son sein, de légitimistes et d'orléanistes?

Ces trois partis étaient, au fond, ennemis entre eux, puisque les légitimistes ne rêvaient qu'à la branche aînée des Bourbons, les orléanistes à la branche cadette, et les socialistes ni à l'une ni à l'autre, mais au renversement de toute société. — (*Id., ibid.*)

Il n'y avait qu'un point sur lequel ils fussent d'accord : la lutte contre le Président de la République et son gouvernement, lutte tantôt ouverte, tantôt cachée.

Voici la lutte ouverte de la part des socialistes :

Une armée française fait cesser l'exil de Pie IX, en le ramenant de Gaëte à Rome : Ledru-Rollin, chef du parti socialiste, demande la mise en accusation du prince Louis-Napoléon et de ses ministres.

Serait-ce un jugement téméraire de supposer que ces *républicains de la veille*, qui ne l'étaient pas même du *lendemain*, ne furent pas tout à fait étrangers aux lamentables journées de Juin?...

Voici maintenant la lutte cachée :

La Constitution trop hâtive de 1848 donnait à la France, — comme nous l'avons déjà fait remarquer plus haut, — deux têtes au lieu d'une, regardant en sens contraire, c'est-à-dire deux pouvoirs indépendants, oui, le Président de la République et l'Assemblée législative, avec des ministres qui devaient dépendre de l'un et de l'autre.

Abusant de ce germe de discorde, implanté dans la Constitution elle-même, l'Assemblée législative semblait ne s'étudier qu'à entraver, en toute circonstance, l'action du Président de la République; la preuve en est claire; les faits sont là.

Ainsi, le Président juge à propos de retirer au général Changarnier le commandement réuni des troupes et des gardes nationales de Paris et de sa division militaire; l'Assemblée législative le trouve mauvais et déclare que le ministère n'a plus sa confiance.

Le Président en prend un autre de son choix, et en dehors de l'Assemblée législative; l'Assemblée législative le voit de mauvais œil, et en est froissée.

Le Président avait été élu par la France entière, mais surtout par ce qui est, — quoi qu'on en dise, — le *véritable Peuple*, oui, par les habitants de la campagne; l'Assemblée législative, le 31 mai 1851, plus d'un an avant les prochaines élections, porte un décret qui exige trois ans de résidence, au lieu de six mois, dans la même commune, sachant bien que, par cette mesure, les deux ou trois millions de suffrages des bons paysans allaient être enlevés à Louis-Napoléon.

Le Président, — comme tout gouvernement, du reste, —

avait un de ses principaux soutiens dans l'armée; les questeurs de l'Assemblée législative n'eurent-ils pas l'outrecuidance, ou plutôt la folie, de demander que le Président de cette Assemblée partageât le commandement de l'armée avec le Président de la République?

Je ne parle pas des sarcasmes et des outrages dont l'Assemblée législative, dans ses tumultueuses séances, abreuvait Louis-Napoléon.

Ajoutez à cela les menées souterraines du parti anarchique, qui bouillonnait toujours sourdement dans les entrailles de la société, comme la lave inquiète d'un volcan.

Il y en avait assez là pour que Louis-Napoléon crût devoir, en conscience, chercher le moyen d'arrêter cet antagonisme fatal entre l'Assemblée législative et le premier magistrat de la France.

Ce moyen était tout simple : Louis-Napoléon n'avait pas pu oublier qu'il avait été élu par le Peuple français en masse, tandis que chaque membre de l'Assemblée législative n'avait été élu que par un département particulier.

Pour mieux s'assurer de l'unanimité de ce suffrage universel, il voulut aller voir de près ce Peuple, qui lui avait donné un si grand témoignage de confiance; il voulut se mettre en contact avec lui.

Il ne tarda pas à recueillir partout, sur son passage, dans les villes et dans les villages, les marques les moins équivoques de la sympathie la plus vive, et, dès qu'il sentit que le cœur de ce Peuple battait à l'unisson de son propre cœur, que fit-il?

XII

SON COUP D'ÉTAT

Il fit ce que font les génies exceptionnels, qui, choisis par la Providence pour sauver une nation, à l'heure décisive des grandes crises sociales, sont tout à coup saisis d'une illumination supérieure et poussés par une impulsion d'en haut : il frappa, juste et fort, un de ces coups extraordinaires qu'on nomme, — je ne sais pourquoi, — un *coup d'État*, mais que, moi, j'aimerais mieux nommer un *coup de grâce;* celui-ci en était un par excellence.

Le 2 décembre 1851, on lut sur les murs de la capitale les décrets et la proclamation suivants de Louis-Napoléon Bonaparte :

« Au nom du Peuple français, le Président de la République décrète :

» L'Assemblée nationale est dissoute;

» Le suffrage universel est rétabli;

» La loi du 31 mai est abolie;

» Le Peuple français est convoqué dans ses comices, à partir du 14 décembre jusqu'au 21 décembre suivant.

—

APPEL AU PEUPLE

» Français!

» La situation actuelle ne peut durer plus longtemps. Chaque jour qui s'écoule aggrave les dangers du pays. L'Assemblée, qui devait être le plus ferme appui de l'ordre, est devenue un foyer de complots. Le patriotisme de trois cents de ses membres n'a pu arrêter ses fatales tendances. Au lieu de faire des lois dans l'intérêt général, elle forge des armes pour la guerre civile; elle attente au pouvoir que je tiens directement du

Peuple; elle encourage toutes les mauvaises passions; elle compromet le repos de la France : je l'ai dissoute, et je rends le Peuple juge entre elle et moi.

» La Constitution, vous le savez, avait été faite dans le but d'affaiblir d'avance le pouvoir que vous alliez me confier. Six millions de suffrages furent une éclatante protestation contre elle, et cependant je l'ai fidèlement observée. Les provocations, les calomnies, les outrages m'ont trouvé impassible. Mais, aujourd'hui que le pacte fondamental n'est plus respecté de ceux mêmes qui l'invoquent sans cesse, et que les hommes qui ont déjà perdu deux monarchies veulent me lier les mains, afin de renverser la République, mon devoir est de déjouer leurs perfides projets, de maintenir la République et de sauver le pays, en invoquant le jugement solennel du seul souverain que je reconnaisse en France : le Peuple!

» Je fais donc un appel loyal à la Nation tout entière, et je vous dis : Si vous voulez continuer cet état de malaise qui nous dégrade et compromet notre avenir, choisissez un autre à ma place, car je ne veux plus d'un pouvoir qui est impuissant à faire le bien, me rend responsable d'actes que je ne puis empêcher, et m'enchaîne au gouvernail quand je vois le vaisseau courir vers l'abîme.

» Si, au contraire, vous avez encore confiance en moi, donnez-moi les moyens d'accomplir la grande mission que je tiens de vous.

» Cette mission consiste à fermer l'ère des révolutions en satisfaisant les besoins légitimes du Peuple et en le protégeant contre les passions subversives. Elle consiste surtout à créer des institutions qui survivent aux hommes et qui soient enfin des fondations sur lesquelles on puisse asseoir quelque chose de durable.

» Persuadé que l'instabilité du pouvoir, que la prépondérance d'une seule Assemblée sont des causes permanentes de trouble et de désordre, je soumets à vos suffrages les bases fondamentales suivantes, d'une Constitution que les Assemblées développeront plus tard :

» 1° Un chef responsable nommé pour dix ans;

» 2° Des ministres dépendant du pouvoir exécutif seul;

» 3° Un Conseil d'État formé des hommes les plus distingués, préparant les lois et en soutenant la discussion devant le Corps législatif;

» 4° Un Corps législatif discutant et votant les lois, nommé par le suffrage universel, sans scrutin de liste qui fausse l'élection;

» 5° Une seconde Assemblée, formée de toutes les illustrations du pays, pouvoir pondérateur, gardien du pacte fondamental et des libertés publiques.

» Ce système, créé par le premier Consul au commencement du siècle, a déjà donné à la France le repos et la prospérité; il les lui garantirait encore.

» Telle est ma conviction profonde. Si vous la partagez, déclarez-le par vos suffrages. Si, au contraire, vous préférez un gouvernement sans force, monarchique ou républicain, emprunté à je ne sais quel passé ou à quel avenir chimérique, répondez négativement.

» Ainsi donc, pour la première fois depuis 1804, vous voterez en connaissance de cause, en sachant bien pour qui et pour quoi.

» Si je n'obtiens pas la majorité de vos suffrages, alors je provoquerai la réunion d'une nouvelle Assemblée, et je lui remettrai le mandat que j'ai reçu de vous.

» Mais si vous croyez que la cause dont mon nom est le symbole, c'est-à-dire la France régénérée par la Révolution de 89 et organisée par l'Empereur, est toujours la vôtre, proclamez-le en consacrant les pouvoirs que je demande.

» Alors, la France et l'Europe seront préservées de l'anarchie, les obstacles s'aplaniront, les rivalités auront disparu, car nous respecterons, dans l'arrêt du Peuple, le décret de la Providence. »

Le jour même où cette proclamation parut, le suffrage universel, restreint par la loi du 31 mai 1850, était rétabli dans son intégrité, et le Peuple français, solennellement convoqué dans ses comices pour accepter ou rejeter un plébiscite ainsi formulé :

« Le Peuple français veut le maintien de l'autorité de Louis-Napoléon Bonaparte, et lui délègue les pouvoirs nécessaires pour faire une constitution sur les bases proposées dans sa proclamation du 2 décembre. »

Un décret des 2 et 4 décembre 1851 disposa que le scrutin serait ouvert pendant les journées des 20 et 21 décembre dans le chef-lieu de chaque commune, depuis huit heures du matin jusqu'à quatre heures du soir, et que le suffrage aurait lieu au scrutin secret, par *oui* ou par *non*, au moyen d'un bulletin manuscrit ou imprimé.

A la majorité de 7,473,431 suffrages, le Président de la République était prorogé pour dix ans dans ses pouvoirs.

La Commission consultative, instituée le 2 décembre, avait été chargée du dépouillement des votes. Le 31 décembre, elle porta à l'Élysée le procès-verbal de ses opérations.

Le Prince-Président prononça, à cette occasion, le discours suivant :

« MESSIEURS,

» La France a répondu à l'appel loyal que je lui avais fait. Elle a compris que je n'étais sorti de la légalité que pour rentrer dans le droit. Plus de sept millions de suffrages viennent de m'absoudre en justifiant un acte qui n'avait d'autre but que d'épargner à notre patrie et à l'Europe peut-être des années de troubles et de malheurs.

» Je vous remercie d'avoir constaté officiellement combien cette manifestation était nationale et spontanée.

» Si je me félicite de cette immense adhésion, ce n'est pas par orgueil, mais parce qu'elle me donne la force de parler et d'agir ainsi qu'il convient au chef d'une grande nation comme la nôtre.

» Je comprends toute la grandeur de ma mission nouvelle, je ne m'abuse pas sur ses graves difficultés. Mais, avec un cœur droit, avec le concours de tous les hommes de bien qui, ainsi que vous, m'éclaireront de leurs lumières et me soutiendront de leur patriotisme, avec le dévouement éprouvé de notre vaillante armée, enfin, avec cette protection que demain je prierai solennellement le ciel de m'accorder encore, j'espère me rendre digne de la confiance que le Peuple continue de mettre en moi. J'espère assurer les destinées de la France en fondant des institutions qui répondent à la fois et aux instincts démocratiques de la Nation et à ce désir exprimé universellement d'avoir désormais un pouvoir fort et respecté. En effet, donner satisfaction aux exigences du moment, en créant un système qui reconstitue l'autorité sans blesser l'égalité, sans fermer aucune voie d'amélioration, c'est jeter les véritables bases du seul édifice capable de supporter plus tard une liberté sage et bienfaisante. »

Quelle route difficile Louis-Napoléon ne venait-il pas de parcourir, pour arriver jusqu'à la présidence décennale !

Il semblait ne pouvoir aller ni plus loin ni plus haut, tant les obstacles en face desquels il se trouvait étaient humainement insurmontables.

C'étaient, en effet, des rivalités jalouses qui, se débattant dans l'agonie, se dressaient devant lui, comme des serpents, pour l'empêcher de passer.

Il passa tout de même, parce que Celui qui écrase, comme il lui plaît, les têtes renaissantes de l'hydre des révolutions, prêta au talon de sa botte la force de briser le crâne de ses ennemis, malgré leurs sifflements aigus et leurs convulsions menaçantes.

Celui-là, le restaurateur invincible des dynasties, voulait, à tout prix, ressusciter la dynastie napoléonienne et la transporter de nouveau à l'apogée de la gloire terrestre, en la faisant rasseoir sur *le plus beau trône du monde*, dans la personne de Louis-Napoléon.

XIII

SON ÉLÉVATION A L'EMPIRE

Il s'y prit de la même manière que jusqu'alors; car cette manière est la vraie : oui, la transmission du pouvoir par le Peuple.

Dieu tourna le cœur du Peuple vers Louis-Napoléon pour en faire un Empereur, comme il l'avait déjà tourné vers lui pour en faire successivement *un Représentant du Peuple* et *un Président de la République*.

Ceci est historique : « Le prince Louis-Napoléon avait accepté la prorogation de ses pouvoirs comme Président de la République; fort de l'assentiment populaire, il espérait que dix années d'autorité ferme et libérale lui suffiraient pour réparer les ruines qui avaient été faites et restaurer l'ordre dans la société. Mais la France ne voulait point d'une telle instabilité dans ses institutions; le sentiment monarchique se réveilla en elle avec une irrésistible violence. Au milieu des ovations qu'il recevait sur son passage en allant visiter les départements, le prince Louis-Napoléon recueillait partout le désir de voir rétablir l'Empire. Tous les Conseils généraux envoyaient des adresses exprimant le même vœu. Un mémorable discours fut prononcé par le Prince dans la ville de Bordeaux, qui devint, pour ainsi dire, le berceau de la monarchie impériale.

De retour à Saint-Cloud, le Prince-Président adressa au Sénat ce message :

« Palais de Saint-Cloud, le 4 novembre 1852.

» Messieurs les Sénateurs,

» La Nation vient de manifester hautement sa volonté de rétablir l'Empire. Confiant dans votre patriotisme et vos lumières, je vous ai convoqués pour délibérer légalement sur cette grave question et vous remettre le soin de régler le nouvel ordre de choses. Si vous l'adoptez, vous penserez, sans doute, comme moi, que la Constitution de 1852 doit être maintenue, et alors les modifications reconnues indispensables ne toucheront en rien aux bases fondamentales.

» Le changement qui se prépare portera principalement sur la forme : et cependant, reprendre le symbole impérial est pour la France d'une immense signification. En effet, dans le rétablissement de l'Empire, le Peuple trouve une garantie à ses intérêts et une satisfaction à son juste orgueil : ce rétablissement garantit ses intérêts en assurant l'avenir, en finissant l'ère des révolutions, en consacrant encore les conquêtes de 89. Il satisfait son juste orgueil, parce que, relevant avec liberté et avec réflexion ce qu'il y a trente-sept ans l'Europe entière avait renversé par la force des armes au milieu des désastres de la patrie, le Peuple venge noblement ses revers sans faire de victimes, sans menacer aucune indépendance, sans troubler la paix du Monde.

» Je ne me dissuade pas, néanmoins, tout ce qu'il y a de redoutable à accepter aujourd'hui et à mettre sur sa tête la couronne de Napoléon ; mais ces appréhensions diminuent par la pensée que, représentant, à tant de titres, la cause du Peuple et la volonté nationale, ce sera la Nation qui, en m'élevant au trône, se couronnera elle-même. »

Le 10 novembre, il fut statué, par un sénatus-consulte, que

la proposition suivante serait présentée à l'acceptation du Peuple français, dans les formes déterminées par les décrets des 2 et 4 décembre 1851 :

« Le Peuple français veut le rétablissement de la dignité impériale dans la personne de Louis-Napoléon Bonaparte, avec l'hérédité dans sa descendance directe, légitime et adoptive, et lui donne le droit de régler l'ordre de succession au trône dans la famille Bonaparte, ainsi qu'il est prévu par le sénatus-consulte du 7 novembre 1852. »

Le décret du 10 novembre 1852 soumit, d'après les règles déjà adoptées, le plébiscite à l'approbation du Peuple.

Le Corps législatif fut invité à opérer le dépouillement du scrutin. Le Prince-Président l'y convia par le message que voici, daté de Saint-Cloud :

« Palais de Saint-Cloud, le 25 novembre 1852.

» MESSIEURS LES DÉPUTÉS,

» Je vous ai rappelés de vos départements, pour vous associer au grand acte qui va s'accomplir. Quoique le Sénat et le Peuple aient seuls le droit de modifier la Constitution, j'ai voulu que le corps politique issu comme moi du suffrage universel vînt attester au monde la spontanéité du mouvement national qui me porte à l'Empire. Je tiens à ce que ce soit vous qui, en constatant la liberté du vote et le nombre des suffrages, fassiez sortir de votre déclaration toute la légitimité de mon pouvoir. Aujourd'hui, en effet, déclarer que l'autorité repose sur un droit incontestable, c'est lui donner la force nécessaire pour fonder quelque chose de durable et assurer la prospérité du pays.

» Le Gouvernement, vous le savez, ne fera que changer de forme. Dévoué aux grands intérêts que l'intelligence enfante et que la paix développe, il se contiendra, comme dans le passé, dans les limites de la modération; car le succès n'enfle jamais d'orgueil l'âme de ceux qui ne voient dans leur élévation nouvelle qu'un devoir plus grand imposé par le Peuple, qu'une mission plus élevée confiée par la Providence. »

A la majorité de 7,824,189 voix, le Prince-Président était nommé *Empereur des Français !*

Nous reproduisons le discours que Napoléon III adressa aux grands corps de l'État après le rétablissement de l'Empire :

« Palais de Saint-Cloud, le 1er décembre 1852.

» Messieurs,

» Le nouveau règne que vous inaugurez aujourd'hui n'a pas pour origine, comme tant d'autres dans l'histoire, la violence, la conquête ou la ruse. Il est, vous venez de le déclarer, le résultat légal de la volonté de tout un Peuple, qui consolide, au milieu du calme, ce qu'il avait fondé au sein des agitations. Je suis pénétré de reconnaissance envers la Nation, qui, *trois fois en quatre années, m'a soutenu de ses suffrages, et chaque fois n'a augmenté sa majorité que pour accroître mon pouvoir.*

» Mais, plus le pouvoir gagne en étendue et en force vitale, plus il a besoin d'hommes éclairés comme ceux qui m'entourent chaque jour, d'hommes indépendants comme ceux auxquels je m'adresse, pour m'aider de leurs conseils, pour ramener mon autorité dans de justes limites, si elle pouvait s'en écarter jamais.

» Je prends, dès aujourd'hui, avec la couronne, le nom de Napoléon III, parce que la logique du Peuple me l'a déjà donné dans ses acclamations, parce que le Sénat l'a proposé légalement, et parce que la nation entière l'a ratifié.

» Est-ce à dire, cependant, qu'en acceptant ce titre je tombe dans l'erreur reprochée au prince qui, revenant de l'exil, déclara nul et non avenu tout ce qui s'était fait en son absence? Loin de moi un semblable égarement! Non-seulement je reconnais les gouvernements qui m'ont précédé, mais j'hérite en quelque sorte de ce qu'ils ont fait de bien ou de mal; car les gouvernements qui se succèdent sont, malgré leurs origines différentes, solidaires de leurs devanciers. Mais, plus j'accepte tout ce que, depuis cinquante ans, l'histoire nous transmet avec son inflexible autorité, moins il m'était permis de passer sous silence le règne glorieux du chef de ma famille, et le titre régulier, quoique éphémère, de son fils, que les Chambres proclamèrent, dans le dernier élan de leur patriotisme vaincu. Ainsi donc, le titre de Napoléon III n'est pas une de ces prétentions dynastiques et surannées qui semblent une insulte au bon sens et à la vérité : c'est l'hommage rendu à un gouvernement qui fut légitime, et auquel nous devons les plus belles pages de notre histoire moderne. Mon règne ne date pas de 1815, il date de ce moment même où vous venez me faire connaître les suffrages de la Nation.

» Recevez donc mes remerciements, Messieurs les Députés, pour l'éclat que vous avez donné à la manifestation de la volonté nationale, en la rendant plus évidente par votre contrôle, plus imposante par votre déclaration. Je vous remercie aussi, Messieurs les Sénateurs, d'avoir voulu être les premiers à m'adresser vos félicitations, comme vous avez été les premiers à formuler le vœu populaire.

» Aidez-moi tous à asseoir, sur cette terre bouleversée par tant de révolutions, un gouvernement stable, qui ait pour bases la religion, la justice, la probité, l'amour des classes souffrantes.

» Recevez ici le serment que rien ne me coûtera pour assurer la prospérité de la patrie, et que, tout en maintenant la paix, je ne céderai rien de tout ce qui touche à l'honneur et à la dignité de la France. »

Voilà donc Louis-Napoléon empereur.

En sachant bien par quel nombre de voix il était passé successivement de la *représentation nationale* à la *Présidence de la République* et de *la Présidence de la République à l'Empire*, on ne peut pas s'empêcher de s'écrier : « *Le doigt de Dieu est ici!* »

En effet, l'opposition à l'élection présidentielle avait été, en 1848, de 1,918,841 voix; au 20 décembre 1851, elle n'était plus que de 641,351; pour la création de l'Empire, elle se trouvait réduite à 253,145.

Tandis que l'opposition avait diminué de plus en plus, le chiffre des suffrages était allé toujours en augmentant.

De 1848 à 1852, Napoléon III en reçut vingt millions.

Vingt millions de suffrages!

Mais qui songe à cela? Il serait pourtant bien à désirer que tout le monde en France y réfléchit, parce qu'en se le rappelant, on ne cesserait pas de voir à la fois dans Napoléon III l'élu du Peuple et l'élu de la Providence.

XIV

SON MARIAGE

La grâce de Dieu, qui avait octroyé à Napoléon III, par l'entremise du Peuple, cette faveur insigne de l'élévation à l'Empire, lui ménageait encore une autre faveur bien inappréciable : c'était le choix d'une compagne qui fût à son niveau.

Dans le Paradis terrestre, Dieu, — suivant le récit de la Genèse, — pensa qu'*il n'était pas bon que l'homme fût seul,* après qu'il l'eût créé et établi roi de tous les autres êtres inférieurs. Il lui prépara donc une compagne, et la lui amena par la main.

N'en a-t-il pas fait de même pour Napoléon III?

Après l'avoir élevé merveilleusement de degré en degré, à travers toutes les oppositions de la ruse et de la violence humaines, jusque sur le trône impérial, il y fit bientôt asseoir avec lui celle qu'il lui réservait, dans les plans mystérieux de sa sagesse et de son amour.

Si la Providence ne s'en était point occupée avec une sollicitude toute particulière, Napoléon III, se conformant à l'usage banal suivi dans les familles princières, serait allé, routinièrement, frapper, au nom de la politique, à la porte de quelque cour étrangère, et, au nom de la politique, il y eût pris une épouse, comme on en prend vulgairement en Europe.

Mais la Providence ne le permit pas, parce qu'en épousant une femme liée, par le sang ou par des alliances, aux autres maisons régnantes, il aurait épousé le passé de ces maisons.

Et il devait être complétement dégagé de ce passé!

Son oncle avait été, au commencement du dix-neuvième siècle, un homme tout à fait nouveau, — non pas qu'il ne pût se glorifier de l'antiquité de ses ancêtres, puisqu'il était le rejeton d'une souche six fois séculaire, dont les racines profondes avaient puisé leur séve vigoureuse au cœur du moyen-âge, si fécond en grands hommes, — mais un homme nouveau, dans ce sens qu'il était *le fils de ses œuvres.*

Il fallait qu'il fût, lui aussi, *le fils de ses œuvres !*

Jusqu'à présent, nous avons vu qu'il l'était, en s'associant avec tant de persévérance et d'énergie aux vues de la Providence.

Aussi mérita-t-il de rencontrer, sur le chemin de sa destinée, une jeune fille providentielle comme lui ; et, en la faisant monter à ses côtés sur le trône, à l'heure où, sans doute, elle ne s'y attendait nullement, il y fit monter *un aide vraiment semblable à lui.*

Écoutons Napoléon III, signalant lui-même au Sénat les motifs de sa détermination dans le choix étrange, mais pourtant très-convenable, de sa compagne :

« Quand, en face de la vieille Europe, on est porté, par la force d'un nouveau principe, à la hauteur des anciennes dynasties, ce n'est pas en vieillissant son blason et en cherchant à s'introduire, à tout prix, dans la famille des rois, qu'on se fait accepter : c'est bien plutôt en se souvenant toujours de son origine, en conservant son caractère propre, et en prenant franchement, vis-à-vis de l'Europe, la position de parvenu, titre glorieux, lorsqu'on parvient par le libre suffrage d'un grand Peuple.

» Aussi, obligé de s'écarter des précédents suivis jusqu'à ce jour, mon mariage n'était plus qu'une affaire privée. Il restait seulement le choix de la personne. Celle qui est devenue l'objet de ma préférence est d'une naissance élevée. Française par le cœur, par l'éducation, par le souvenir du sang que son père versa pour la cause de l'Empire, elle a, comme Espagnole, l'avantage de ne pas avoir en France de famille à laquelle il faille donner honneurs et dignités. Douée de toutes les qualités de l'âme, elle sera l'ornement du trône, comme, au jour du danger, elle deviendrait un de ses courageux appuis. Catholique et pieuse, elle adresserait au ciel les mêmes prières que moi pour le bonheur de la France. »

(*Œuv. de Napoléon III,* p. 358-359.)

Napoléon III ne pouvait mieux s'allier; c'était bien un autre lui-même : en lui, nous avons constaté plus haut le mélange harmonieux de la *force* et de la *douceur;* en elle, c'était le même mélange, avec je ne sais quoi de plus suave et de plus gracieux.

Il a suffi à Eugénie de Gusman de devenir impératrice pour le laisser éclater au dehors; oui, c'est la même élévation d'esprit, la même grandeur d'âme, la même énergie de caractère. Seulement, toute cette force et toute cette distinction sont fondues dans la délicatesse la plus exquise et dans l'affabilité la plus aimable : figure charmante et belle, sur laquelle se reflète la double physionomie de Jeanne d'Arc et de Blanche de Castille!

Je sais bien que l'esprit de parti va se récrier contre ce portrait. Mais ce n'est pas moi qui l'ai tracé : c'est la France tout entière, qui, en entendant l'impératrice Eugénie, après l'attentat d'Orsini, s'écrier résolûment, au milieu de la fumée de la poudre fulminante et des dernières vibrations de l'explosion des bombes incendiaires : « Allons en avant; il faut que ces assassins voient que nous n'avons pas peur! » l'a appelée la *femme forte!* C'est la France tout entière qui, en la voyant, à Amiens et ailleurs, visiter les cholériques et leur apporter des secours avec des paroles de consolation, lui a donné le nom si glorieux de *sœur de charité !*

Napoléon III avait été incontestablement béni de Dieu dans le choix de son épouse; il ne le fut pas moins dans le fruit de cette union prédestinée.

XV

LA NAISSANCE DE SON FILS

Il savait qu'un souverain, quel qu'il soit, s'il n'a pas d'enfant pour lui succéder après sa mort, n'est point ce qu'il faut à un peuple, c'est-à-dire l'homme de l'avenir; car, s'il n'est que l'homme du présent, quel vide ne risque-t-il pas de laisser derrière lui, à sa sortie de ce monde? Sa tombe peut devenir un abîme où son trône s'engloutira avec lui! La stérilité, dans un prince régnant, semble être un signe de réprobation sociale : oui, quand Dieu ne fait pas descendre sur lui la grâce de la fécondité, on serait tenté de croire qu'il ne veut plus de sa dynastie.

Napoléon III le comprenait ainsi : voilà pourquoi il attendait, avec anxiété, mais pourtant avec la confiance imperturbable du chrétien et de l'élu de la Providence, lorsque, tout à coup, le dimanche des Rameaux, au moment où l'Église catholique chante aux quatre vents du ciel : « *Béni soit celui qui vient au nom du Seigneur !* » il lui fut dit : « *Sire, un fils vous est né ! Vous avez maintenant un héritier de votre couronne !* »

Quel tressaillement ne dut-il pas éprouver, au fond de ses entrailles, lorsqu'il reçut dans ses bras le nouveau-né, et qu'il entendit le concert unanime de félicitations qui retentit d'un bout de la France à l'autre!

Mais il ressentit une joie plus indicible encore, lorsqu'il vit le Pape consentir à être le parrain de son fils, et la France le proclamer son enfant.

Filleul du Pape et enfant de la France!

C'était là comme une double adoption, celle de Dieu et celle de la patrie.

Et quel pavois que celui où le Prince impérial fut élevé en

l'air, aux yeux de toute l'Europe, sur les mains entrelacées de la Papauté et de la France!

A cet accueil dans la vie, si sympathique et si solennel, ont répondu simultanément l'éducation la mieux soignée et l'instruction la plus large.

M. de Lamartine a dit quelque part :

« Heureux l'homme à qui Dieu donne une sainte mère! »

Le Prince impérial a eu ce bonheur incomparable.

Eh! qui pourrait dire combien la piété et les vertus de son excellente mère ont développé en lui le germe des qualités précieuses que Dieu avait déposé au fond de son âme?

Ajoutez-y l'influence incalculable exercée par la religion éclairée de ce prêtre éminent (1) qui a si bien ouvert devant lui les horizons du christianisme, et l'a si bien préparé à recevoir, pour la première fois, le Dieu qui fait les bons empereurs!

Personne n'ignore la sollicitude avec laquelle son père a présidé à la culture de son esprit : vigilance personnelle et conversations intimes, prudence dans l'emploi de maîtres moraux et instruits, il n'a rien négligé pour que son intelligence, éveillée par cette double excitation du dehors et du dedans, pénétràt plus avant dans les mystères de la science.

Jamais aucun prince ne fut mieux préparé à la grandeur de la mission que la Providence lui réserve dans l'avenir.

Et, il faut l'avouer, jamais non plus aucun prince n'a mieux profité jusqu'à présent de ce double bienfait d'une éducation franchement morale et chrétienne, et d'une instruction solide, parfaitement en rapport avec tous les progrès des connaissances modernes.

Il n'y a donc pas lieu d'être surpris que Mgr de Bonnechose, archevêque de Rouen, dans son allocution si remarquable à l'Empereur, à la porte de sa cathédrale, ait affirmé publique-

(1) L'abbé Deguerry, curé de la Madeleine.

ment que le Prince impérial était pour la France l'*objet de tant d'amour et le gage de tant d'espérances !*

XVI

LA SOLIDITÉ DE SES PRINCIPES RELIGIEUX

Heureux époux à la fois et heureux père, Napoléon III ne s'endormit pas dans les douceurs de ce double bonheur de famille ; il sentait trop qu'il n'était empereur que pour le bonheur de la France.

Or, la première condition du bonheur d'une nation, n'est-ce pas la Religion ?

Telle a été la croyance, telle a été la pratique de tous les siècles.

Dans l'antiquité, en plein paganisme, Cicéron affirmait, éloquemment, qu'*il serait plus facile de bâtir en l'air une ville que de faire tenir un État debout, sans la religion ;* et les hommes de ce temps-là avaient recours *aux dieux de la patrie*, dans la bonne et la mauvaise fortune.

Mais comme il n'y avait que l'ombre d'une religion altérée et incomplète, il n'y eut, non plus, que l'ombre d'une félicité mensongère, dans les illusions stériles d'un sens divin dévoyé et déçu.

Plus tard, que s'est-il passé, lorsque la religion vraie et complète a été inaugurée, dans le monde, par le Dieu de l'Évangile et de l'Église catholique ?

N'est-ce pas un fait incontestable que, partout où le catholicisme a pu pénétrer, il y a apporté, avec lui, la civilisation et la prospérité ?

Oui, ce serait mentir à l'histoire que de refuser à Jésus-Christ le titre de *Sauveur de l'Humanité,* et par contre-coup celui de *Dieu,* puisqu'il n'y a qu'un Dieu fait homme, sans cesser d'être Dieu, qui soit capable de sauver les hommes.

Ceci n'est pas du tout la lubie d'un mysticisme vaporeux, c'est tout simplement la logique du bon sens divin.

Napoléon III, en chrétien intelligent et raisonnable, croit à la divinité de Jésus-Christ, comme y croyait son oncle ; et non-seulement il y croit, mais il fait de cette foi régénératrice la règle de sa conduite dans la direction du Peuple français et dans le maniement des affaires publiques.

Il ne dit pas, lui, avec un cynisme inqualifiable : « Nous sommes un Gouvernement qui ne se confesse pas. » Il ne dit pas non plus : « Nous sommes un Gouvernement matérialiste ou athée, » ce qui revient au même ; car, au fond, le matérialiste n'est qu'un athée de la pire espèce, qui engloutit Dieu dans la boue.

Au contraire, voici ce que dit Napoléon III : « La Religion est la base de toute société et de tout gouvernement qui a le sentiment de ses destinées ; c'est elle qui fait ma force et qui me guide dans la voie où je marche. »

Il ajoute : « Partout où je le puis, je m'efforce de propager les idées religieuses, les plus sublimes de toutes, parce qu'elles guident dans la fortune et consolent dans l'adversité. Mon gouvernement, — je le dis avec orgueil, — est un des seuls qui aient soutenu la Religion pour elle-même ; il la soutient non comme instrument politique, non pour plaire à un parti, mais uniquement par conviction et par amour du bien qu'elle inspire comme des vérités qu'elle enseigne. » — (*Œuvres de Napoléon III*, t. III, p. 339.)

Et, — qu'on le sache bien, — la religion dont parle ici Napoléon III n'est pas une religion quelconque ; c'est la religion de l'Église catholique, qui, dans le second plan divin, est, seule, la conservatrice et la propagatrice du vrai christianisme, du christianisme complet.

Il l'a déclaré, de vive voix, il n'y a pas bien longtemps, dans sa réponse à l'allocution de Mgr Bonnechose, archevêque de Rouen : « L'Église est le sanctuaire où se maintiennent intacts les grands principes de morale chrétienne, qui élèvent l'homme au-dessus des intérêts matériels. »

Voilà pourquoi, usant du droit que lui confère le concordat, il a soin d'apporter au choix des premiers ministres de cette Église une attention toute particulière. Il tâche de ne prendre pour l'épiscopat que des *hommes de Dieu;* et ces hommes de Dieu sont foncièrement des hommes de science et de piété : — de science, pour connaître le gouvernement de l'Église, — et de piété, pour en avoir le courage.

Que dirai-je de l'intérêt qu'il témoigne, en toute circonstance, au clergé inférieur des villes et des campagnes? N'a-t-il pas cherché à adoucir la position financière de ces prêtres, si utiles et si respectables, en commençant par augmenter leur traitement si modique? Que de secours accordés journellement pour bâtir de nouvelles églises ou restaurer et embellir les anciennes!

Quant aux ordres religieux, est-ce qu'ils n'ont pas aujourd'hui, plus qu'à aucune autre époque, sous les deux monarchies précédentes, leur large part d'air et de soleil, dans le cercle élastique de la liberté des cultes?

N'oublions pas le rétablissement si précieux de la grande aumônerie de terre et de mer.

En un mot, est-ce que de la base au sommet de la hiérarchie ecclésiastique, il n'y a pas de nos jours, de la part de l'État, bienveillance, protection et assistance?

Mais ce qu'il fait ici, pour la religion, Napoléon III ne le fait-il pas ailleurs, partout où il le peut?

Comme la France est le porte-drapeau de la civilisation sur toute la terre, et que la civilisation a, d'après l'histoire, son point de départ dans le catholicisme, n'a-t-il pas été, au milieu des nations étrangères, le défenseur et le propagateur du catholicisme?

N'est-ce pas lui qui, après tant d'années, a fait cesser la persécution contre les missionnaires catholiques dans le Japon et dans la Chine?

N'est-ce pas lui, encore, qui a mis un terme aux lamentables massacres des chrétiens de Syrie?

N'est-ce pas lui, enfin, qui, pour mieux faire arriver le cœur des Musulmans jusqu'au catholicisme, a pris le meilleur chemin, qui est le chemin de *la liberté de conscience;* oui, le *meilleur;* je ne dis pas assez, l'*unique,* parce qu'une religion *par force* ne vaut absolument rien, et qu'il n'y a de vraie religion que la religion *de bonne volonté!*

J'en appelle aux anges, qui, en criant aux bergers de Bethléem, au-dessus de la crèche où Jésus-Christ venait de naître : « Gloire à Dieu au plus haut des cieux et paix sur la terre aux hommes de bonne volonté! » ne faisaient que chanter le dithyrambe immortel de *la liberté de conscience.*

Jadis, on donnait aux souverains catholiques le titre d'*évêques du dehors,* parce qu'il était de leur devoir de contribuer, pour leur part, à la conservation et à la dilatation du catholicisme.

Eh! ce titre en valait bien un autre!

Napoléon III mérite, autant que ses prédécesseurs, ce titre glorieux : oui, il est, au dix-neuvième siècle, l'Évêque du dehors!

Oh! que j'aime à le contempler faisant marcher de front l'*aigle* et la *croix,* ou plutôt élevant la croix au-dessus de l'aigle, et, après avoir proclamé hardiment l'influence civilisatrice de la religion catholique, jetant à tous les échos de l'Europe et du monde ces paroles mémorables : « Allions donc à la foi de nos pères le sentiment du progrès, et ne séparons jamais de l'amour de Dieu l'amour de la patrie. C'est ainsi que nous serons moins indignes de la protection divine et que nous marcherons, la tête haute, dans les sentiers du devoir, à travers tous les obstacles! »

XVII

SON DÉVOUEMENT INALTÉRABLE A LA PAPAUTÉ

Croyant ainsi à la divinité de Jésus-Christ et de l'Église catholique, comme doit le faire logiquement un chrétien complet, comment Napoléon III ne serait-il pas inviolablement attaché au Pape?

Il sait trop bien que le Pape est, en ce monde, le *Vicaire de Jésus-Christ* et le *Chef de l'Église catholique.*

Voilà pourquoi, depuis son avènement au pouvoir, Napoléon III a tant fait pour le Pape; et, quoi qu'on en dise, il n'a qu'un regret : celui de n'avoir pu, malgré toute sa bonne volonté, en faire davantage.

En effet, ce n'est pas seulement devant sa suprématie spirituelle qu'il s'incline respectueusement; il reconnaît, en outre, son *pouvoir temporel,* dans ses rapports avec les temps nouveaux; oui, il reconnaît le pouvoir temporel ainsi entendu, lui qui dit, sans aucun détour ni aucune crainte : « Il faut que le Pape soit chez lui! La propriété, et l'indépendance, qui en est le fruit naturel, sont la condition essentielle et la vie de son autorité. »

D'après ces principes, n'étant encore que Président de la République, n'arracha-t-il pas le Pape de son exil de Gaëte, et ne le ramena-t-il pas à Rome, malgré les poignards de la démagogie mazzinienne, cachés dans l'ombre des sociétés secrètes? Et, après l'avoir réinstallé dans la ville éternelle, ne plaça-t-il pas autour de lui des Français, comme une garde d'honneur et de sûreté?

On eut beau, même en France, même au sein de l'Assemblée nationale, le blâmer et crier contre lui, il continua de remplir son devoir sacré de *fils aîné de l'Église.*

Plus tard, lorsqu'il fut devenu empereur, est-ce sa faute si les ennemis du Pape se sont emparés d'une partie des États pontificaux?

Laissons dire ceux qui s'obstinent à rejeter sur lui cette faute, parce qu'ils ne veulent pas se refuser le malicieux plaisir de faire un jugement téméraire.

Ce qu'il y a de sûr, c'est que cette déprédation fut un coup de main tellement instantané, qu'il n'eut pas le temps de le prévenir.

Mais, depuis cette spoliation inattendue, n'a-t-il pas pris des précautions pour qu'il n'y eût point d'autre surprise? Oui, certes, il s'est toujours tenu sur le qui-vive, comme une sentinelle qui veille fidèlement à la garde du territoire inaliénable du Saint-Siége.

Et même, en présence de cette violation insolente du droit de propriété envers la personne auguste du Pontife-Roi, il lança, de son cœur de bon et franc catholique, cette menace solennelle : « Malheur à qui touchera aux États du Souverain-Pontife ! Je serai toujours là pour défendre l'inviolabilité de son domaine divin ! »

Il est allé plus loin : comme les partis se remuaient sourdement, et qu'ils avaient l'air de se tourner, avec plus d'avidité, vers l'objet de leurs incessantes convoitises, il eut l'adresse, — pour couper court à toute tentative ultérieure d'empiétement, — de provoquer la *Convention du 15 septembre*.

Et cette Convention, ne s'y est-il pas conformé scrupuleusement, lorsqu'il l'a fallu?

Ceci est de l'histoire encore toute palpitante : oui, ne voyez-vous pas d'ici les troupes françaises, envoyées à Rome par Napoléon III, se précipiter, à Monte-Rotondo, sur les bandes garibaldiennes, sitôt qu'il leur est permis de joindre leur bravoure à celle de l'armée pontificale, et, dans leur élan irrésistible, culbuter, en un clin d'œil, ces lâches ennemis de la Papauté?

Que faut-il de plus pour se convaincre que Napoléon III est tout dévoué à la Papauté, soit sous le rapport spirituel, soit sous le rapport temporel?

Il y en a pourtant pour qui ce n'est pas clair, tant ils sont aveuglés par leurs préjugés invétérés et leur irrémédiable mauvaise foi!

Pie IX, au contraire, étant plus impartial et, dès-lors, plus vrai, en est pleinement persuadé.

Je n'en veux point d'autre preuve que ces paroles, si sympathiques et si éloquentes, tombées de ses lèvres, ou plutôt de son cœur : « L'armée française est une belle et glorieuse armée, — glorieuse sur les champs de bataille, — glorieuse aussi par sa discipline pendant la paix. Mais, permettez-moi de vous le dire, son plus beau titre de gloire, c'est de défendre le Vicaire de Jésus-Christ contre ses ennemis, de le protéger dans son indépendance et dans la possession des territoires qui lui restent. Vous êtes ici pour soutenir les droits de l'Église et pour garantir la Ville éternelle, destinée à être la résidence des Vicaires de Jésus-Christ; cette ville, sanctifiée par la mort de tant de martyrs; cette ville sainte, où toujours le Vicaire de Jésus-Christ a été assisté de Dieu, ainsi que je le suis moi-même, moi indigne, en ce moment, au milieu de ses ennemis. Ce qu'ils veulent, ces ennemis, c'est détruire l'autorité du Pape, c'est le renverser de son trône, c'est faire de Rome la capitale de je ne sais quel royaume, et, après avoir anéanti le pouvoir temporel, attaquer même le pouvoir spirituel!

« Mais vous êtes ici, mes enfants, pour arrêter ces tentatives impies et pour écarter les ennemis du Saint-Siége et de la Religion!

» Quand Dieu eut créé les océans, il dit aux flots : « Fussiez-» vous soulevés par les tempêtes, vous n'irez pas plus loin! » Vous atteindrez ces rochers, mais vous ne les dépasserez » pas! » Et vous, vous êtes semblables à ces rochers. Vous êtes ici, pour dire à ces ennemis acharnés qui jettent le trouble dans toute l'Italie : « Vous n'irez pas plus loin ! » Dieu a placé votre bras comme rempart de sa sainte Église ; vous défendrez le Souverain-Pontife !

» Voyez donc comme je suis heureux de vous donner, en ce jour, ma bénédiction paternelle. Je bénis la France, votre patrie, votre Empereur, et aussi la famille impériale, et particulièrement le jeune Enfant, qui m'est attaché par des liens spirituels. Je bénis l'armée française, celle qui est ici et celle qui est hors d'ici. Je vous bénis, vous, vos familles, tout l'épiscopat, tout le clergé français, si admirable par son dévouement, et tous ces millions de catholiques, qui me témoignent tant d'amour, et font de si généreux efforts pour la défense de ma cause ! »

N'est-il pas évident, d'après ces paroles de Pie IX, que, depuis bientôt vingt ans, c'est à la France et à Napoléon III, par conséquent, qu'appartiennent le droit et l'honneur du *Protectorat* de l'Église ?

En cas que, dans ma simplicité d'esprit, je n'eusse pas bien saisi la portée de ces paroles, et qu'à cause de mon ignorance on ne contestât l'authenticité de ce fait, qui est le fait principal de ce siècle, j'ai jugé prudent de rechercher quel était l'avis d'hommes plus intelligents que moi, et voici entre autres l'opinion de Mgr Mioland, évêque de Marseille : « En vous recevant (il s'adresse à Louis-Napoléon), en vous recevant à la porte de cette église, l'Évêque de Marseille, son chapitre et les autres représentants de son clergé sont heureux de reconnaître en vous l'Homme de la Providence, qui vous a choisi pour être l'instrument de ses bienfaits. C'est elle qui vous a accordé d'inaugurer votre premier avènement au pouvoir par le rétablissement du trône temporel du Chef de l'Église. Ce fut là, il est vrai, le vœu de la France, qui ne pouvait manquer d'être reconnaissante ; mais ce fut également une faveur du ciel, qui vous mit en main l'épée de la chrétienté et voulut renouveler, à votre égard, les enseignements de l'histoire, en attachant, par là, à vos destinées une bénédiction féconde pour les plus grandes choses. C'est ainsi qu'au temps marqué vous avez été le libérateur de votre pays, à la veille des derniers malheurs. Ce sera le même succès et la même gloire, parce que ce sera avec la même fidélité à votre mission providentielle que vous continuerez l'œuvre immense confiée d'en haut à votre cœur plus encore qu'à votre bras, à votre foi catholique plus encore qu'à votre haute sagesse. »

L'éminent prélat ne se trompait pas; les derniers événements de Rome, que nous venons de signaler plus haut, prouvent qu'il était bon prophète.

Que celui donc qui a des oreilles pour entendre, entende!

Qui habit aures audiendi, audiat!

XVIII

LA LOYAUTÉ ET LA SINCÉRITÉ DE SON LIBÉRALISME

Napoléon III est trop imbu de l'esprit du catholicisme pour ne pas être vraiment un prince libéral; car c'est un fait, un fait incontestable, que le catholicisme a inauguré, dans le monde, la liberté par l'égalité, en enseignant aux hommes que dans les cieux ils ont un *Père commun*, qui est Dieu, et que, sur la terre, *ils sont tous frères.*

Et c'est parce qu'étant catholique, il est vraiment libéral, qu'il a la vraie science sociale.

Il y a deux sciences sociales : la science sociale du paganisme et la science sociale du christianisme. La science sociale du paganisme est renfermée dans le mot *domination;* la science sociale du christianisme est résumée dans le mot *dévouement.* (R. P. Ventura : *Le Pouvoir public chrétien,* p. 37.)

Napoléon III, — d'après ce que nous venons de voir dans les

deux paragraphes précédents, — ne pouvait avoir que cette science sociale du christianisme, qui est celle du dévouement.

Il lui suffit de se rappeler qu'il est à la fois l'élu de la Providence et l'élu du suffrage populaire, pour sentir parfaitement qu'il est empereur, non pas pour lui, mais pour le Peuple.

Il s'étudie donc à bien saisir les besoins du Peuple, et il a soin de se porter en avant de l'opinion publique, pour la suivre, si elle est droite, et pour lui éclairer la voie, si elle s'égare.

C'est en cela qu'il fait consister l'action tutélaire du pouvoir.

Les gouvernements qui ont précédé le sien, retenus dans les liens du pays légal, tournaient forcément le dos à la démocratie, et traitaient, par conséquent, l'opinion publique en ennemie. Elle le leur rendait avec usure.

La liberté n'a, en réalité, qu'un domaine : c'est la démocratie. Si la liberté est l'essence même de la vie des peuples civilisés, — c'est-à-dire, *arrivés à leur majorité,* — et cela est incontestable,—il n'y a de gouvernement national que celui qui ne peut s'en passer pour lui-même, parce qu'il vit de la vie même du Peuple.

Tel est le cas de l'Empire.

Expliquons-nous :

La légitimité, c'est l'aristocratie luttant avec une Constitution d'origine étrangère, essayant vainement de mettre l'ordre dans le désordre. La liberté est évidemment sacrifiée dans la lutte.

L'orléanisme, c'est le pays légal, vivant de priviléges, les voulant conserver, et en guerre ouverte avec le principe de l'égalité, qui repose tout entier dans le *suffrage universel.* La liberté, la vraie liberté, ne peut exister là où l'égalité est absente.

La République, cette monarchie à plusieurs têtes, tire toute sa force des principes extrêmes de la Révolution, ou plutôt de l'abus et de l'exagération de ces principes. L'immense majorité du Peuple repousse ce mode de gouvernement comme contraire à tous ses intérêts. Or, il ne peut se soutenir que par la violence, et il est bien forcé de mettre le pied sur toutes les libertés.

L'Empire, au contraire, c'est la démocratie, se développant progressivement, dans toute sa force, entre l'égalité et la liberté, et sur le terrain du suffrage universel, le seul où puissent se concilier les tendances libérales et le patriotisme de tous les hommes de bonne foi.

Aussi, qu'a fait Napoléon III?

A mesure que la France en est devenue capable, par l'amélioration progressive des mœurs politiques, il n'a pas manqué d'être, — à l'heure qu'il croyait favorable, — et l'inaugurateur et le conservateur de toutes les libertés : la liberté de conscience, la liberté des cultes, la liberté d'enseignement, la liberté de la presse, le droit de réunion; oui, Napoléon III est, — je le répète, — l'inaugurateur et le conservateur de toutes les libertés.

Mais, — entendons-nous bien, — il n'en est et il ne veut en être que l'inaugurateur et le conservateur intelligent et raisonnable.

Ainsi, pour *la liberté de conscience,* Napoléon III sait très-bien qu'il n'est nullement de son ressort de juger ce qui se passe dans la conscience, parce que c'est là le sanctuaire inviolable de l'homme, où personne n'a le droit de pénétrer, excepté Dieu; oui, aux yeux de Napoléon III, les opinions sont libres et elles doivent l'être, tant qu'elles restent, dans le for intérieur de l'âme, à l'état de simples opinions. Mais ces opinions sont-elles mises au jour et entrent-elles dans la Société, ce ne sont plus des opinions, ce sont des *actes sociaux;* et, dès lors, elles ne sont, elles ne peuvent être libres qu'autant qu'elles ne portent pas atteinte à l'ordre social.

S'agit-il de la *liberté des cultes*, — qu'on ne peut admettre qu'*en fait,* et non pas *en principe*, notez-le bien, — s'agit-il de la *liberté des cultes*, c'est absolument la même chose. La liberté des cultes est la faculté de faire profession publique des cultes reconnus par l'État.

Mais, de ce que l'État permet la profession publique de certains cultes, s'ensuit-il qu'il doive souffrir qu'on insulte à tous les cultes, et qu'on sape, par leurs fondements, toutes les croyances chrétiennes, c'est-à-dire les seules croyances pures, les seules croyances complètes de l'humanité, pour mettre à leur place le *matérialisme*, — pourquoi ne pas dire le mot, tel qu'il est écrit, en toutes lettres, dans les œuvres posthumes de M. l'abbé de Lamennais? — le *bestialisme*?

Évidemment non!

Il en va de même de la *liberté d'enseignement*, que ce soit l'enseignement *primaire* ou l'enseignement *supérieur,* n'importe.

La liberté d'enseignement est, à ses divers degrés, l'autorisation qu'on obtient, moyennant un diplôme de capacité, de communiquer aux autres la science quon a, ou, du moins, qu'on devrait avoir.

Mais, parce que l'État accorde à qui de droit cette autorisation, sera-t-il loisible à tout professeur nanti de ce titre officiel de propager, à propos de médecine, de littérature, d'histoire, de mathématique, que sais-je? des doctrines fausses, des doctrines immorales, qui ne peuvent pas manquer d'être subversives de l'ordre social?

Évidemment non! deux fois non!

Quant à la *liberté de la presse* et au *droit de réunion*, il est impossible qu'il en soit autrement que pour les trois autres libertés que nous venons de signaler successivement.

La *liberté de la presse* et le *droit de réunion* sont deux libertés jumelles, en vertu desquelles l'État vous confère le droit de vous exprimer par écrit ou de vive voix sur les affaires politiques : est-ce un motif pour vous d'attenter au gouvernement, en ne vous servant de votre plume et de votre langue que pour répandre, dans le public, des maximes anarchiques?

Évidemment non, trois fois non!

La *liberté civile* n'est et ne peut être que la faculté de faire ce qui est conforme aux *lois divines naturelles*, aux *lois divines positives* et aux *lois humaines* qui en découlent; en un mot, c'est la *liberté du bien*. — (Le R. P. VENTURA : *Le Pouvoir politique chrétien, passim.*)

Le Pouvoir, donc, qui ne permet à aucun citoyen de se faire du mal à lui-même ou aux autres, et qui ne veut pas qu'on outrage impunément la vérité et la morale, loin de porter atteinte à la vraie liberté, en est la sauvegarde, le vengeur et l'appui.

C'est ainsi que personne n'a jamais eu, — je suppose, — l'absurdité de reprocher au Pouvoir civil de fouler aux pieds la *liberté commerciale*, en défendant le libre débit des substances vénéneuses. — (*Id., ibid.*)

Comment serait-il donc coupable de lèse-liberté religieuse, intellectuelle, morale et sociale, en prohibant la propagation de doctrines subversives de la religion, de la vérité et des mœurs, ces trois grandes et précieuses garanties de l'ordre social? — (*Id., ibid.*)

Or, voilà précisément quel est le libéralisme de Napoléon III : sous lui, plus de *lois préventives*, mais seulement des *lois répressives*; oui, des *lois répressives!*

Mais, encore, répressives, comment? et par qui?

Répressives, comme pour tout autre crime ou délit.

Répressives, non par l'État, qui serait alors à la fois juge et partie, mais par les tribunaux ordinaires, selon les termes de la législation commune.

Ainsi, c'est l'*égalité devant la loi*, qui est la mère de la liberté.

Ah! laissons faire Napoléon III : ce n'est pas lui qui imposera des entraves à la liberté ; c'est plutôt la liberté elle-même qui, par ses extravagances et ses écarts, se fera forcément emprisonner, comme les fous, dans une camisole de force.

Je l'affirme, en finissant ce paragraphe, où je ne crois pas m'être brûlé, quoique je n'aie fait qu'y marcher sur des charbons ardents, oui, le libéralisme de Napoléon III est plus loyal et plus sincère que celui de beaucoup de prôneurs contemporains de la liberté; car il sait que l'Empire, en se développant progressivement dans la liberté, trace le sillon fécond où doit fleurir sa dynastie et, avec sa dynastie, le bonheur de la France, de l'Europe et du monde !

XIX

SA PRÉDILECTION POUR LES HABITANTS DE LA CAMPAGNE

Napoléon III n'ignore pas que le peuple des champs est le peuple le plus utile à la société.

Ce peuple-là, en effet, procure incessamment au pays les objets de première nécessité.

Son métier, c'est l'agriculture; et n'a-t-on pas dit, depuis longtemps, que l'agriculture est le premier des métiers?

Mais pourquoi le premier?

Est-ce par la priorité de son origine? Soit. Mais n'est-ce pas surtout par la priorité des besoins auxquels elle pourvoit?

Sans l'agriculture, que deviendrait l'humanité?

Le peuple des champs en est le laborieux et inépuisable nourricier !

Mais, comme l'humanité *ne vit pas seulement de pain,* et qu'elle vit aussi d'ordre et de moralité, le peuple des champs, étant plus calme et plus réglé, maintient la tranquillité et l'équilibre de la société.

Aussi est-il le conservateur de l'humanité en même temps que son nourricier.

Et, à ce second titre, il lui est encore plus utile.

Non, non, ce n'est pas des campagnes que partent les révolutions : c'est des villes; et si la Jacquerie, à une certaine époque déjà bien reculée, et récemment encore, a troublé la France par ses audacieuses folies, il est indubitable que, derrière ces paysans en délire, il y avait jadis, et il y a eu aujourd'hui, quelques citadins ambitieux et mécontents.

Voilà pourquoi Napoléon III a tant de prédilection pour les habitants de la campagne.

Et cette prédilection, il ne peut pas mieux la prouver qu'en les laissant dans leurs foyers, en encourageant leurs travaux, en sauvegardant leurs intérêts, en subvenant à leurs besoins, et en ayant soin de leur vieillesse.

Ils se trompent grossièrement, ou, — ce qui est pire, — ils mentent impudemment, ceux qui prétendent que *la loi sur l'armée, votée naguère*, est une loi funeste aux habitants de la campagne, parce qu'elle les exile de leur chaumière bien-aimée. Si elle avait dû les en arracher, l'Empereur ne l'aurait jamais mise en avant. Aussi, lorsqu'on y regarde de près, peut-on bien vite se convaincre qu'au lieu de leur être nuisible, elle leur est beaucoup plus favorable que la loi précédente; c'est bien facile à comprendre : « Au lieu de *sept années* de présence sous les drapeaux, *cinq ans* seulement de service effectif; donc, *deux années* de gagnées. Faculté de *se marier* à *vingt-six ans*, au lieu de *vingt-sept;* donc, *une année* de gagnée. Quant à la *réserve* et à la *garde mobile*, le service peut se résumer en deux mots : *Soldat sur le papier*.

Car, une fois en cinquante ans, la *réserve* pourra être appelée à un service actif, et encore ne le sera-t-elle que dans des cas *extraordinaires*.

Or, pour que la *garde mobile* fût appelée, il faudrait des événements d'une si grande importance, il faudrait de tels dangers, que tout le monde, indistinctement, courrait aux armes, n'y eût-il ni *réserve* ni *garde mobile*.

Voilà la vérité.

C'est donc une erreur impardonnable ou une fourberie dégoûtante de soutenir que la *nouvelle loi sur l'armée* enlève des bras à l'agriculture et augmente, pour les populations rurales, la dette du sang.

Napoléon III aime à voir les paysans occupés à leurs travaux, et, pour les encourager, il a toujours applaudi à la création des *comices agricoles* et des *concours régionaux*. Combien de fois même n'a-t-il pas présidé en personne ces luttes pacifiques, et n'a-t-il pas décerné aux vainqueurs des récompenses honorifiques?

Et comme il ne suffit pas que le peuple des champs fasse rendre à la terre tout ce que les mains et la tête peuvent en retirer, en agissant de concert, n'a-t-il pas fait serpenter, dans tous les sens, des *chemins vicinaux*, pour transporter, plus facilement et plus vite, tous ces produits de l'activité et de l'intelligence humaines? Une statistique, dont il est impossible de contester l'authenticité, puisqu'on a en main les pièces officielles, prouve que, de 1852 à 1866, — c'est-à-dire depuis l'Empire, — on a consacré à ces chemins vicinaux, d'une nécessité si notoire, *un milliard trois cent soixante-sept millions cinq cent mille francs*, tandis que, de 1837 à 1851, on n'y a employé que *huit cent quatre-vingt-onze millions* environ.

Pour compléter son œuvre, Napoléon III vient de faire voter à la Chambre une loi relative à l'achèvement des chemins vicinaux et de provoquer l'établissement d'une *caisse spéciale*, au moyen de laquelle vont se concilier, par une ingénieuse combinaison, l'intérêt du Trésor et l'intérêt des communes.

Il ne faut pas s'en étonner, puisque, d'après la judicieuse remarque de M. le baron de Mackau, « tous les intérêts sont liés au sort de l'Agriculture. L'industrie ressent fatalement le contre-coup de ses succès et de ses revers. Le Commerce trouve en elle son premier et son plus puissant élément d'action. Le pays, enfin, associé tout entier et toujours à ses destinées, souffre et prospère avec elle.

» Travailler pour l'agriculture, c'est travailler pour tous; accroître son activité ou sa richesse, c'est grandir, du même coup, et la fortune privée et la fortune publique. »

Parlerai-je de cette portion si intéressante du peuple des champs qu'on appelle les domestiques? Combien de jeunes gens et de jeunes filles, après avoir fourni, pendant longtemps, des bons et loyaux services, étaient exposés à voir leurs années et leurs peines perdues sans retour, parce qu'en vertu de l'article 1781 du Code, en cas de contestation sur les gages, le maître était cru sur son affirmation! Eh bien! Napoléon III a demandé l'abrogation de cet article, et il a placé ainsi, suivant l'esprit de la société moderne, les maîtres et les domestiques sous le niveau des règles générales de la législation civile.

Ce n'est pas tout. Pour parer aux surprises et aux crises d'une gêne passagère, aux accidents et aux coups imprévus d'une irrémédiable vieillesse, dont les habitants de la campagne sont trop souvent, hélas! les douloureuses victimes, Napoléon III a provoqué par son initiative, ou encouragé par son approbation, la création des *caisses de secours mutuels,* des *caisses d'assurances* et des *caisses de retraite.*

Je connais les habitants de la campagne, et je les aime parce que je les connais.

Je voudrais, pour leur bonheur et pour le nôtre, qu'ils fussent bien persuadés que l'Empereur veille sur eux avec une sollicitude toute particulière, et qu'il ne néglige rien de ce qui peut améliorer leur position!

Ils continueraient à être ce qu'ils ont été pour lui jusqu'à présent, c'est-à-dire les plus chauds partisans et les plus fermes soutiens de la dynastie napoléonienne.

Ce serait, de leur part, le meilleur moyen de payer une dette sacrée de reconnaissance et d'assurer leur prospérité; car, il faut l'avouer, si Napoléon III doit beaucoup au peuple des champs, le peuple des champs, en revanche, doit beaucoup à Napoléon III.

XX

SA SOLLICITUDE POUR LES ARTISTES ET LES OUVRIERS

Si Napoléon III a, — comme nous venons de le voir dans le paragraphe précédent, — une prédilection bien marquée pour les habitants de la campagne, parce qu'avec l'agriculture ils font produire à la création matérielle ce qui répond, d'une manière plus directe, aux premiers besoins de l'humanité (qui regardent le *nécessaire*), il s'en faut bien qu'il n'ait aucun souci des artistes et des ouvriers, qui, en transfigurant à leur façon cette création matérielle, satisfont, eux aussi, à d'autres besoins secondaires, qui ont rapport à l'*utile* et à l'*agréable*.

Je ne parlerai pas des savants, parce que Napoléon III étant lui-même un ami intelligent et zélé des sciences, il va sans dire qu'il a toujours eu en grande estime ces esprits d'élite qui les cultivent, parce que, pour lui, les savants sont, dans le monde social, ce que les astres sont dans le monde physique, c'est-à-dire les principaux propagateurs de la lumière intellectuelle et morale.

Je m'arrête aux artistes et aux ouvriers.

Les artistes! ces créateurs de seconde main, mais pourtant des créateurs, qui, avec la poésie, la peinture et la sculpture, prises séparément, ou avec l'architecture, qui les réunit toutes les trois, font de cet univers ce que Dieu, au commencement, fit de la matière brute. C'était, primitivement, une masse informe, qui déplaisait à l'œil. Il y fit descendre un reflet de sa beauté, et l'ensemble des choses, ainsi transformé, put s'appeler, avec raison, le monde ; car, monde, du latin *mundus*, signifie *beau*. Et comme la *beauté* est ce qui charme, surtout les regards, c'est alors que le monde commença à être *agréable* à Dieu et à l'homme.

Dieu est le premier artiste, et les autres artistes ne sont que ses copistes plus ou moins fidèles ; mais, enfin, ce sont ceux qui, au moyen de l'art, qui est l'embellissement de la création, ont le privilége de produire en nous ce sentiment du beau, qu'on appelle le sentiment de l'*agréable*. Notez bien que, par *agréable*, je n'entends que le sentiment du *beau*, duquel Platon disait que c'est *la splendeur du vrai*, et saint Augustin, *la splendeur de l'ordre*. Ou si vous aimez mieux Boileau, voici sa théorie :

> Rien n'est beau que le vrai ; le vrai seul est aimable !

Ah! pourquoi les artistes ne s'en souviennent-ils pas toujours ?

Quoi qu'il en soit, qui pourrait nier que Napoléon n'ait toujours favorisé les artistes ?

Quel souverain leur a jamais fourni autant de travail ?

Sous le rapport spirituel, combien de tableaux, d'ornements et de vases sacrés ! Combien d'objets du culte, cloches, chemins de croix, que sais-je encore? accordés au clergé ! Combien d'églises, grandes et petites, restaurées ou bâties ! N'y eût-il que la décoration, si admirable, de Notre-Dame de Paris, tout cela, n'est-ce pas l'épanouissement de l'art dans le monde religieux ?

Sous le rapport temporel, Paris, transformé en une suite interminable de splendides palais ; tant de boulevards magnifiques, tant de rues superbes, tant de ponts féeriques ! N'y eût-il que la restauration du Louvre et l'agrandissement des Tuileries, tout cela n'est-il pas le rayonnement de l'art dans le monde social ?

A qui doit-on, principalement, nos deux *Expositions universelles* de 1855 et de 1867, si ce n'est à Napoléon III?

N'est-il pas partisan de l'*Exposition annuelle*?

En France, on aime l'art; mais l'art répond peu à cet amour, au moins en ce qui concerne la grande peinture, ces toiles magistrales, qui font époque et qui ont illustré les David, les Vernet, les Gros, les Guérin, les Girodet, etc. La soif de l'argent est, sans doute, une maladie de toutes les époques, mais elle semble s'accentuer davantage à mesure que la soif du plaisir, du luxe et des *idées matérialistes* fait des progrès.

« La considération publique était jadis une puissance dans le monde; elle exerçait une certaine influence; on la dédaigne un peu aujourd'hui, pour ne s'attacher qu'à ce qui *rapporte*. Les sentiments généreux sont oubliés; les arts, les lettres, les sciences, ne sont plus qu'un commerce. On ne travaille plus pour la gloire et pour la postérité, mais pour s'enrichir le plus vite possible. Un artiste de génie ne pâlit plus sur sa toile ou sur son bloc de marbre pendant des années entières, pour obtenir, au bout, une couronne de laurier : il *broche* l'ouvrage et *bat monnaie*. » — (A. Pérey.)

Et, certes, ce n'est pas la faute de Napoléon III si l'art n'est pas toujours à la hauteur de sa grande mission.

On se rappelle les félicitations qu'il adressa, en particulier, à Jules Sandeau et à Octave Feuillet, à cause du remarquable cachet de moralité qu'ils imprimaient à leurs œuvres.

C'est que Napoléon III comprend, à merveille, que l'art est un puissant moyen de progrès, et que le progrès consiste à aller en haut, et non pas en bas!

Si nous passons aux ouvriers, — à proprement parler, — nous verrons que Napoléon III n'a pas moins souci d'eux.

Sans viser spécialement à l'*agréable* (entendu dans le sens expliqué plus haut), comme les artistes, il suffit qu'ils visent à l'*utile*, dans un sens plus pratique. Au lieu d'être les *décorateurs* de la matière, n'est-ce pas assez qu'ils en soient les *manipulateurs*?

Personne n'apprécie mieux que Napoléon III ce qu'on serait tenté de nommer les *miracles de l'industrie*.

Aussi s'occupe-t-il de l'existence des ouvriers et encourage-t-il leur activité?

L'existence des ouvriers réclame surtout deux choses : le logement et la nourriture.

Or, Napoléon III s'est appliqué, — dans Paris, par exemple, — à retirer les ouvriers de ces bouges infects et malsains, où ils grouillaient, confusément et péniblement, sans lumière et sans air; oui, en supprimant ces rues sales et ténébreuses, qui leur servaient de tanières, il les a, heureusement, obligés de chercher ailleurs, dans de nouveaux quartiers plus spacieux et mieux éclairés, les souffles de la brise et les rayons du soleil. Il y en a bien qui prétendent que c'est pour s'en débarrasser. Mais ce sont là, évidemment, de mauvaises langues; il n'y a donc qu'à les laisser dire, pourvu que la classe laborieuse, qui est si estimable et si méritante, jouisse d'une meilleure santé, en se mouvant dans un espace plus libre et en respirant mieux à pleine poitrine.

Pourquoi ne rappellerais-je pas, en passant, un acte de charité de Napoléon III, à l'égard des ouvriers, qui se rattache à la question du logement, puisque nos vêtements sont comme des logements, mobiles et ambulants, où s'abrite notre corps? N'est-il pas vrai qu'au commencement de l'année 1868, dans la première quinzaine de janvier, Napoléon III a fait rendre à leurs propriétaires les matelas et les objets de literie engagés, pour un an, au Mont-de-Piété?

Après le logement vient la nourriture. Eh! qui ne sait que, pour mettre à la portée de la classe laborieuse une alimentation saine et toute préparée, au plus bas prix possible, Napoléon III a conçu la pensée de l'*Œuvre des fourneaux économiques* de Paris? Pour vingt-cinq centimes, l'ouvrier a une portion de soupe, de viande, de légumes et de pain! C'est plus que la poule au pot de Henri IV; cette poule était un beau rêve. Les fourneaux économiques sont, au contraire, une précieuse réalité!

Mais, pour un empereur, n'est-ce pas trop s'abaisser que de descendre ainsi jusqu'à ces menus détails de la cuisine du pauvre? Non, certes; plus il se penche vers le pauvre, plus il s'élève; car il n'est rien, en ce monde, qui glorifie autant que la charité!

Napoléon III ne borne point là sa sollicitude pour les ouvriers.

Comme les produits de leur industrie leur deviendraient inutiles et onéreux, s'ils ne pouvaient facilement les exploiter, il a contribué, tant qu'il a pu, à la multiplication des *chemins de fer,* et il a accordé la *liberté du commerce.*

Aussi, grâce à ces nouveaux moyens de transport, grâce à cette nouvelle législation commerciale, qu'est-il advenu?

« Notre richesse nationale s'est considérablement accrue; nos échanges ont pris des développements inattendus; notre fabrication a plus que doublé ses produits. Notre outillage s'est perfectionné; sur tous les marchés, nous soutenons avantageusement la concurrence. »

Veut-on des chiffres? En voici; c'est M. Forcade de La Roquette qui nous les fournira : « De 1859 à 1866, le commerce général de la France s'était accru de 2 milliards 715 millions, tandis que de 1827 à 1847, sous le régime des *prohibitions* et de la *protection exagérée,* l'augmentation n'avait été que de 1 milliard 922 millions, c'est-à-dire presque un milliard de moins. »

Je ne suis donc pas étonné que les artistes et les ouvriers, lors de l'inauguration du boulevard de Richard-le-Noir, aient appelé Napoléon III *le Père du travail, de l'industrie et des arts!*

Et, j'en suis bien sûr, parmi tous les noms, glorieux ou touchants, que l'enthousiasme et la reconnaissance ont donnés à Napoléon III, il n'en est aucun dont il soit plus fier et plus ému que de ce nom de *Père du travail, de l'industrie et des arts!*

XXI

SON ASCENDANT SUR LES AUTRES SOUVERAINS DE L'EUROPE ET DU MONDE ENTIER

Si Napoléon III fait tous ses efforts pour rendre la France heureuse au dedans, il ne néglige rien pour la rendre glorieuse au dehors.

Napoléon Ier disait : « Quand on a l'honneur et le bonheur tout à la fois d'être France, il faut comprendre toute la portée de cette position de faveur, et, de nation-soleil que l'on est, ne point se transformer en nation-satellite. »

Napoléon III s'est souvenu de ces paroles de son oncle, et, par son génie militaire aussi bien que par son génie diplomatique, il a fait de la France la première nation de ce monde sublunaire, comme le soleil est le premier des astres du monde sidéral.

Il n'a pas permis, lui, que les peuples étrangers vinssent impunément, les uns après les autres, appliquer leurs soufflets sur la joue de la France, et qu'ils oubliassent qu'elle est partout et toujours la protectrice de l'honneur et de la liberté.

Il s'est rappelé que la France est la grande nation guerrière; il s'est rappelé que *tout Français naît soldat.* (CHATEAUBRIAND.)

Et quand il s'est aperçu qu'un peuple, quel qu'il fût, violait la justice et le droit, qu'il se rendait coupable d'oppression et de lèse-humanité, il est allé droit à lui, avec ses armées, pour châtier le félon et le tyran.

Il n'a eu peur ni de la distance ni des frimas.

Il ne s'est arrêté que lorsqu'il a eu vaincu son ennemi, dans sa dernière forteresse, et planté ses aigles victorieuses sur les tours de Sébastopol, — faisant ainsi de la Russie (qui fut, à une époque fatale, le tombeau de nos invincibles guerriers) le berceau de sa gloire!...

La chaleur ne l'a pas plus déconcerté que le froid.

Ému du long gémissement de détresse des opprimés, il a franchi les Alpes; il est descendu en Italie, et, passant, comme ses ancêtres, par le chemin de la bravoure et de l'héroïsme, il a volé, comme eux, de victoire en victoire.

Eh! qu'importe que quelques brouillons, ambitieux et exaltés, qui font prendre à cette nation l'indépendance pour l'ordre et la licence pour la liberté, l'aient empêchée de profiter de nos triomphes? Oui, qu'importe?

Il n'en est pas moins vrai qu'il nous a fait, lui, monter encore plus haut dans le respect et dans l'admiration des peuples, et qu'il a fait briller quelques rayons de plus à notre auréole guerrière.

Que dirai-je de la guerre du Mexique? Ce qu'une voix éloquente, entre toutes, disait à la tribune francaise : « Que c'est une guerre juste et loyale, entreprise pour venger notre dignité, pour protéger nos concitoyens, pour démontrer encore une fois, suivant les expressions de l'Empereur, qu'il n'est pas de contrée assez lointaine pour que les atteintes portées à notre honneur restent impunies! »

L'honneur! Ah! je sais bien qu'il y en a, — surtout de nos jours, — qui préfèrent l'argent à l'honneur. Ceux-là, ayant l'âme plate comme un écu, ne pardonnent pas à Napoléon III d'avoir dépensé un argent, pourtant nécessaire, pour entretenir dans les veines de nos soldats un sang tout bouillant de patriotisme, jusqu'à l'heure où ils le versaient sur le champ de bataille, que j'aime mieux appeler, avec l'accent ému de l'histoire et de l'enthousiasme populaire, *le champ d'honneur!!!*

Comme s'il ne valait pas infiniment mieux mourir en combattant pour le droit des gens, pour l'affranchissement des peuples et pour le droit national, que de croupir dans la luxure et dans la honte d'une paix avilissante!

Est-ce qu'il n'en est pas des nations comme des individus, en fait de considération ?

Or, que dit un fameux proverbe ?

> Mieux vaut bonne renommée
> Que ceinture dorée !

Napoléon III a préféré à l'or l'honneur et la suprématie de la France, et il a eu raison !

Aussi, le voilà, le voilà, celui qui, mieux que tous les utopistes et les rêveurs, mieux que tous les brocheurs, filandreux ou épileptiques, de discours et de pamphlets, nous a remis à notre place ; celui qui a fait encore de nous le premier peuple du monde !

Mais, en faisant de nous le premier peuple du monde, il a fait de lui le premier des souverains.

Certainement, au fond de leur âme, ces souverains le jugent ainsi ; ils l'ont contemplé à l'œuvre, et c'est par ses œuvres qu'un homme doit être jugé :

« Voyez la fière Albion, qui avait ameuté contre le premier Empire l'Europe entière, et qui maintenant paraît devenir la plus intime alliée du second. Car il est de notoriété publique que c'est à la demande de la Grande-Bretagne que le Congrès de Paris a inséré, dans le traité du 30 mars, une clause qui fait remonter à Napoléon III tout l'honneur de l'esprit de sagesse, de modération et de désintéressement, qui a présidé à ces négociations si difficiles et si délicates ; ce qui a été aussi reconnaître à la France la supériorité diplomatique, la regarder comme l'arbitre du sort des nations, et comme le pouvoir conservateur des intérêts de l'humanité.

» Rappelez-vous que c'est la plus grande puissance du Nord qui, la première, a proposé Paris pour le siége des conférences de la paix. Or, qui se serait jamais douté que cette puissance, dont la fierté est sans bornes, comme ses domaines, et qui jadis avait tant contribué à la destruction du premier Empire, serait venue, de nos jours, s'abriter elle-même à l'ombre du second, et lui aurait confié, avec un parfait abandon, la tutelle de ses intérêts et de sa dignité?

» Rappelez-vous encore que, moins par la réputation de la vaillance incomparable de ses armées que par la grandeur de son ascendant, Napoléon III a attiré autour de son trône, pour s'incliner devant lui et l'affermir, des représentants des mêmes souverainetés qui s'étaient coalisées pour renverser Napoléon Ier, et que, sans employer d'autres moyens que l'empire moral que la vraie grandeur exerce sur les esprits sans les humilier, il a forcé ces souverainetés de déchirer de leurs propres mains l'œuvre d'un Congrès célèbre, et de faire amende honorable des traitements qu'à une autre époque elles avaient fait subir à la France.

» Rappelez-vous, enfin, que, tandis que naguère tout se faisait en Europe et ailleurs sans la France et contre la France, maintenant tout se fait d'après les inspirations et les désirs de la France, et que la France paraît avoir repris le rôle qui lui convient, d'*arbitre du monde.* » — (R. P. VENTURA : *Le Pouvoir politique chrétien*, p. 507-508.)

C'est ainsi que le fameux Père Ventura met Napoléon III au-dessus de tous ceux qui portent, comme lui, sur leur tête, le poids du diadème.

Comme je suis heureux de m'abriter derrière l'autorité de ce noble et grand esprit!

On parle de la fidélité de la *photographie* à reproduire jusqu'aux moindres traits du visage...

Eh bien ! cette fidélité n'égale point celle avec laquelle l'éminent philosophe que je viens de citer nous représente Napoléon III comme le premier des souverains de l'Europe et du monde, à l'heure où nous parlons.

Je suis tout à fait de son avis, parce qu'il est, — dans toute l'acception du mot, — un libre penseur, qui, n'ayant aucun intérêt à flatter avec bassesse, a dit la vérité avec une entière indépendance.

Il n'y a pas de comparaison à établir entre Napoléon III et les autres têtes couronnées de cette époque.

Il est plus fort qu'eux tous, parce que, ayant une *mission divine,* il est doué, tout exprès, d'un génie exceptionnel, et qu'il est, au dix-neuvième siècle, l'inaugurateur d'une ère nouvelle.

Non, non, ce n'est plus l'ère du passé, l'ère des roueries machiavéliques et des traités vieillis, l'ère où l'Europe semblait dire à Dieu : « Va-t-en ! Sans toi, nous saurons nous arranger ! Nous saurons, sans toi, maintenir notre équilibre ! » Ce n'est plus cette ère impie et absurde !

C'est l'ère de la vraie civilisation et du progrès !

XXII

SA CONFIANCE EN LA PROVIDENCE

Si Napoléon III est, — comme nous venons de le démontrer dans tout le cours de cette brochure, — *un homme tout à fait à part* au milieu de ses contemporains, je le déclare hautement, la source de cette supériorité incontestable est dans une confiance illimitée en la Providence.

Il voit sans cesse l'œil de cette Providence luire au-dessus de sa tête, comme une étoile dans le firmament de sa destinée.

Napoléon Ier disait souvent : « *J'ai mon étoile !* »

Napoléon III le dit aussi; et son étoile, c'est la Providence.

Depuis qu'il s'est fermement convaincu, par le caractère si visiblement exceptionnel des principales circonstances de sa vie, que la Providence avait la main sur lui, pour le faire servir à la résurrection de la dynastie napoléonienne, il a toujours compté sur cette Providence maternelle.

C'est à elle qu'il a eu soin de tout rapporter.

Après *son élection à la Présidence de la République,* il adresse un discours aux *Représentants*. Que dit-il, à la fin de ce discours, où il expose si largement ses vues en fait de gouvernement?

« *Dieu aidant, nous ferons, du moins, le bien, si nous ne pouvons faire de grandes choses.* »

Voyant que l'Assemblée législative, au lieu de le seconder, était en lutte permanente contre lui, et que, dès lors, l'action du gouvernement était paralysée, il fait un *appel au Peuple.* Pourquoi? Parce que, — dit-il, — *tous respecteront, dans l'arrêt du Peuple, le décret de la Providence.* »

Nommé *Président pour dix ans,* il n'a pas honte de faire cette profession de foi publique : « *Avec cette protection que demain je prierai solennellement le ciel de m'accorder encore, j'espère me rendre digne de la confiance que le Peuple continue de mettre en moi. J'espère assurer les destinées de la France.* »

Lorsque le Peuple, pour consolider le pouvoir et assurer, par la stabilité, l'ordre et la tranquillité de la Nation, eut élevé à l'Empire Napoléon III, voici les paroles mémorables qu'il prononça : « *Le succès n'enfle jamais d'orgueil l'âme de ceux qui ne voient dans leur élévation nouvelle qu'un devoir plus grand, imposé par le Peuple; qu'une mission plus haute, confiée par la Providence.* »

Cédant enfin au vœu de la Nation, contracte-t-il un mariage, aussi exceptionnel que sa propre destinée, c'est vers Dieu qu'il porte ses espérances; car il s'exprime ainsi, en parlant de son épouse providentielle : « *Catholique et pieuse, elle adressera au ciel les mêmes prières que moi pour le bonheur de la France.* »

Est-il question de victoires remportées par l'armée française : à la suite de la plus importante de toutes, depuis le commencement de son règne, il répond à l'Archevêque de

Paris, qui l'en félicitait à la porte de Notre-Dame, où il venait assister à un *Te Deum* : « *Je viens ici, Monseigneur, remercier le ciel du triomphe qu'il a accordé à nos armes; car je me plais à reconnaître que, malgré l'habileté des généraux et le courage des soldats, rien ne peut réussir sans la protection de la Providence.* »

S'agit-il de la conservation de sa vie, son langage prend je ne sais quel accent prophétique : « *Je remercie le Sénat des sentiments qu'il vient de m'exprimer. Je ne crains rien des tentatives des assassins. Il est des existences qui sont les instruments des décrets de la Providence. Tant que je n'aurai pas accompli ma mission, je ne cours aucun danger.* »

L'an dernier, à Fontainebleau, au milieu d'un cercle assez nombreux, n'a-t-il pas laissé échapper un dernier cri de confiance en la Providence, en disant, tout à coup, dans l'épanchement d'une causerie intime : « Dans la position que » j'occupe, la vie n'a qu'un attrait : c'est d'être utile à la pros- » périté et à la grandeur de la France. Tant que je vivrai, je ne » poursuivrai pas d'autre but, et la Providence, qui m'a jus- » qu'ici visiblement soutenu, ne m'abandonnera pas. D'ailleurs, » mon sort est entre ses mains. C'est elle qui décidera ce qui, » de ma vie ou de ma mort, peut le mieux servir les intérêts » du pays. En présence de tant de partis animés d'ambitions » rivales et de passions subversives, il n'y a de salut pour la » France que si elle reste intimement liée à ma dynastie, qui, » seule, est un symbole d'ordre et de progrès. Or, il pourrait se » faire qu'une mort violente, si je venais à en être frappé, » contribuât encore plus à la consolidation de ma dynastie » que la prolongation de mes jours. Voyez, en effet, ce qui » arrive : l'homme qui inspire ou qui commet un assassinat » politique, qui se fait à la fois juge et bourreau, produit tou- » jours un effet contraire à celui qu'il veut atteindre ; c'est le » châtiment de son crime, il est inévitable. Ce qui vient de se » passer en Serbie en est la preuve évidente. Les conspirateurs

» espéraient, en tuant le prince Michel, faire arriver une autre » dynastie; ils ont affermi pour longtemps la famille des » Obrenovitch. Chez nous, si un des nombreux attentats diri- » gés contre le roi Louis-Philippe eût réussi, il y a tout à parier » que la maison d'Orléans régnerait encore sur la France.

» Demain, aujourd'hui, si je tombais sous le coup d'assassins, » le Peuple, d'une seule voix, acclamerait mon fils; et même, si » toute la famille impériale disparaissait, il irait, comme en Ser- » bie, chercher quelque petit neveu, héritier de mon nom, un » Milano quelconque, pour relever le drapeau de l'Empire, » venger le meurtre et sanctionner, une fois de plus, cette vé- » rité : que le parti qui trempe ses mains dans le sang, ne pro- » fite jamais de son crime. Aussi, puis-je envisager l'avenir sans » crainte. Que je vive ou que je meure, ma vie ou ma mort sera » également utile à la France, car la mission qui m'a été impo- » sée s'accomplira soit par moi, soit par les miens. » — (Paroles de l'Empereur citées par le *Nord* et le *Moniteur*.)

Il y en a qui ne comprennent pas le sang-froid et le calme de Napoléon III au milieu de l'agitation turbulente des esprits, au milieu des incertitudes menaçantes de l'avenir.

Moi, je comprends ce calme et ce sang-froid.

Avec son regard tourné vers le ciel, avec son cœur fixé en Dieu, Napoléon III est inébranlable.

Il est comme ce sage de l'antiquité que le poète latin représente fort de la pureté de ses intentions et allant droit à son but, sans s'en écarter jamais, et sans craindre quoi que ce soit, pas même l'écroulement de l'univers :

Justum et tenacem propositi virum
Non civium ardor prava jubentium
. . . .
. . . .
Mente quatit solidâ. . . . . . .
. . . .
Si fructus illabatur orbis
Impavidum ferient ruinæ.
(Hor., lib. III, 3.)

Ou, mieux, il est comme ce juste des anciens jours qui disait en parlant de Dieu : « Quand même il me tuerait, j'aurais encore espoir en lui. » *Etiam si occiderit me, in ipso sperabo.* (JOB, XV, 15.)

Avec ces sentiments, plus que cela, avec cet abandon pratique entre les mains de Dieu, comment ne serait-on pas invincible? On n'est plus seul; on a Dieu avec soi, et, dans cette union avec lui, on reçoit un écoulement de la puissance d'en haut.

. . . .

« Sire, vous avez raison d'espérer en la Providence! Au-
» dessus des hommes, au-dessus de leurs complots et de leur
» méchanceté, il y a, dans une région supérieure et inaccessi-
» ble, oui, il y a la sagesse et la bonté de Dieu!

» On a beau faire : celui que la Providence se réserve, passe
» sain et sauf à travers le fer et le feu, à travers les poignards,
» à travers les bombes fulminantes!

» Vous y avez passé, et vous y passeriez encore, si la haine
» aveugle et les intrigues sourdes des partis tentaient de ren-
» verser ce que Dieu veut tenir debout!

» Que peuvent les hommes contre Dieu?

» Sire, ne craignez donc rien! Dieu protége la France, et,
» aujourd'hui plus que jamais, la France a besoin de vous! »

CONCLUSION

Ma tâche est finie; — je me trompe, ce n'est pas une tâche, — c'est plutôt un plaisir qui s'achève; car, je le répète, il m'est toujours agréable de dire le bien.

Je ne suis pas de ceux qui, à l'exemple de Diogène le Cynique, avec une lanterne à la main, s'en vont à travers le monde, cherchant *un homme*, et qui prétendent ne pas le trouver, parce qu'ils ont l'humilité de croire qu'eux seuls sont arrivés au sommet de la perfectibilité humaine.

Sachant que cette perfection n'est pas l'apanage de ce globe où nous nous débattons, je me contente d'y recueillir le bien partout où je le rencontre; et ce bien, après avoir fait ma cueillette, j'essaie de le mettre en relief, pour réjouir un peu l'humanité, en lui montrant qu'elle n'est pas irrévocablement maudite, au lieu de la désespérer, en lui laissant croire qu'elle est perdue sans remède.

La lueur de ma *lanterne* n'est pas cette lueur fumeuse et rougeâtre qui défigure et salit ses personnages en les métamorphosant en *ombres chinoises*.

C'est tout simplement la bonne lumière blanche et dorée de

ce *soleil* que le bon Dieu *fait luire* également *sur les bons et sur les méchants* : « *Qui solem suum oriri facit super bonos et malos.* » (MATTH., v, 45.)

Pour ne pas le voir, il n'y a pas d'autre moyen que de fermer les yeux.

Je devine que certains de mes lecteurs ont déjà pris ce moyen.

Mais les faits n'en sont pas moins là, toujours là.

Ainsi, c'est un fait, — comme je l'ai prouvé dans les quinze premiers paragraphes de cette brochure, — c'est un fait que la Providence est intervenue dans *la naissance* de Napoléon III, dans *sa première éducation,* dans l'*épreuve de la souffrance,* dans *son caractère,* dans *ses études et ses ouvrages,* dans *son idée fixe,* dans *ses courageuses tentatives,* dans *son retour en sa patrie,* dans *sa nomination comme Représentant du Peuple,* dans *son admission à l'Assemblée nationale,* dans *son élection à la Présidence de la République,* dans *son Coup d'État,* dans *son élévation à l'Empire,* dans *son mariage* et dans *la naissance de son fils.*

Voilà le premier fait, qui se traduit en quinze faits incontestables; et ce fait, c'est l'action directe de la Providence.

Le second fait, en rapport avec le premier, c'est — comme je l'ai démontré dans les sept derniers paragraphes, — c'est la correspondance de Napoléon III à l'action de la Providence, dans *la solidité de ses principes religieux,* dans son *dévouement inaltérable à la Papauté,* dans *la loyauté et la sincérité de son libéralisme,* dans *sa prédilection pour les habitants de la campagne,* dans *sa sollicitude pour les artistes et les ouvriers,* dans *son ascendant sur les autres souverains de l'Europe et du Monde,* dans *sa confiance sans bornes en la Providence.*

Voilà le second fait, qui rayonne en sept autres faits irréfragables, où éclate l'action de Napoléon III.

Un plaisant, après avoir lu la brochure des *Titres de la Dynastie napoléonienne,* disait : « *Je vois bien là les titres de la Dynastie napoléonienne, mais je n'y vois pas ses états de services.* »

Ses états de services? Mais il me semble que les *sept états de services* que je viens de produire sont plus que suffisants!

Non, non, Napoléon III n'a pas été le mannequin inerte et stérile de la Providence; il en a été, au contraire, l'instrument volontaire, docile et dévoué!

Voilà pourquoi je me suis cru en droit d'écrire, au commencement de cette brochure, et d'écrire encore ici, à la fin, ces deux mots si significatifs :

LA PROVIDENCE

ET

NAPOLÉON III

En faut-il davantage pour m'autoriser à conclure logiquement que cette solidarité, vraiment exceptionnelle, entre la Providence et Napoléon III, est *le premier des titres de la Dynastie napoléonienne?...*

APPEL AU PEUPLE

—

O mon Pays! tu le vois clairement, la dynastie napoléonienne, dont Napoléon III est actuellement le chef, est non-seulement une *dynastie nationale*, mais elle est, avant tout, une *dynastie providentielle*, puisqu'elle a pour elle la *voix de Dieu*, plus encore que la *voix du Peuple* : « *Vox Populi, vox Dei !* »

Je ne suis donc pas surpris que tu sois tout dévoué à cette dynastie!

Cela prouve que tu as du *bon sens*, et, ce qui vaut mieux, le *sens commun*.

Tu t'es dit à toi-même, par l'intuition de ce sens si droit qui te distingue, ce que Pascal, un de tes plus illustres enfants, écrivit un jour : « *L'opinion est la reine du monde!* »

Aujourd'hui, il y a chez toi une opinion sur le trône, et c'est elle qui te gouverne.

Or, — comme l'a proclamé ouvertement à la Chambre, avec une sagesse et une modération si admirables, M. Pinard, alors ministre de l'Intérieur, — « tout gouvernement doit avoir un programme; » il doit avoir des principes, il doit avoir une foi, il » doit croire à quelque chose, il doit défendre cer- » taines idées. Un gouvernement qui serait scep- » tique ne serait pas un gouvernement. Il doit » défendre son terrain constitutionnel; il doit défen- » dre son terrain dynastique : c'est le plus impé- » rieux de ses devoirs. Le principe une fois concédé, » il faut accepter les conséquences.

» Le jour où le gouvernement descend dans » l'arène, le jour où il trouve, sur le terrain du suf- » frage universel, un candidat qui, à ses yeux, con- » teste ses principes, conteste son programme, » conteste sa constitution, conteste sa dynastie, » son devoir le plus sacré, c'est de lutter contre ce » candidat.

» Or, lutter, c'est chercher, c'est adopter un can- » didat différent, qui, lui, affirme notre programme, » nos idées, notre foi, défendra notre dynastie et » notre constitution. Laisser le premier et adopter » le second, c'est *faire de la légitime défense*. »

Et le *droit de légitime défense*, — ô mon Pays! — ne fut-il pas toujours un droit imprescriptible?

Comment se fait-il donc qu'à l'heure où nous sommes, tant de nos contemporains aient la folie de contester ce droit au Gouvernement?

Tu le devines aisément : ce n'est que pour faire régner leur opinion à la place de l'*opinion napoléonienne.*

Mais leur opinion, qu'est-elle, à côté de celle-là?

L'opinion napoléonienne n'est pas cachée; elle ne se glisse pas furtivement dans l'ombre mystérieuse des clubs et des sociétés secrètes.

Elle a dit franchement son nom; elle s'est appelée les *Idées napoléoniennes.*

Que ces idées soient parfaites de tout point, ce serait une absurdité de le prétendre. Il n'y a rien de parfait ici-bas; on prétend même qu'il y a des taches dans le soleil.

Mais, si ces idées n'ont pas la perfection absolue, n'ont-elles pas, du moins, une perfection relative, une perfection de circonstance, qui va à merveille à notre état présent?

Quand la France, il y a vingt ans bientôt, allait sombrer dans la démagogie comme dans un abîme sans fond, ces *Idées napoléoniennes* ne furent-elles pas l'arc-en-ciel qui resplendit tout à coup dans notre horizon politique, et qui présagea la fin prochaine de la tourmente révolutionnaire?

Depuis l'apaisement de cette crise mémorable, n'ont-elles pas toujours, ô mon Pays! éclairé ta marche à travers les écueils sans nombre de nos temps si difficiles?

Oui, c'est l'opinion napoléonienne qui te gouverne et qui te sauve.

O mon Pays! les partis extrêmes voudraient t'en faire changer, et, à sa place, introniser la leur. Voilà pourquoi ils s'agitent déjà tant, soit dans les réunions, soit dans les journaux; ils ne parlent et n'écrivent que dans ce but.

Leur idée fixe, c'est d'éliminer, dans les élections prochaines, les députés d'aujourd'hui et de tenter plus tard le renversement du Gouvernement!

Ils n'ignorent pas que, de notre temps, le Chef de l'État n'a pas seul la puissance, qu'il n'est fort que de la force collective des mandataires que tes votes envoient au Corps législatif.

Aussi, cherchent-ils à te persuader qu'il n'y a qu'une chose à faire pour ta liberté, pour ta grandeur et ta félicité : c'est de mettre de côté tes représentants actuels et de les remplacer par leurs adeptes!

O mon Pays! ne les crois pas : ce sont des mécontents et des ambitieux, qui ne seraient pas fâchés de se jucher plus haut et d'augmenter un peu le chiffre de leur fortune.

Moi, je n'ai besoin de rien; je suis complétement indépendant, dans mon humble sphère, avec mes goûts modestes.

C'est donc par pur dévouement pour toi que je me suis donné la peine ou plutôt le bonheur de te dévoiler les *Idées napoléoniennes*, en te signalant, phase par phase, la vocation providentielle de Napoléon III, qui est, à notre époque, l'incarnation vivante de ces idées.

Il me suffit de t'avoir exposé simplement la vérité; je suis certain que tu voteras comme tu dois voter.

Oui, tu vas réélire ces hommes qui, étant déjà initiés aux *Idées napoléoniennes*, parce qu'ils en ont fait une longue expérience, seront plus aptes à en faire l'application à la société contemporaine; ou, si les Représentants choisis par toi lors des dernières élections, viennent à laisser, pour cause de démission ou de mort. leur place vacante, tu auras soin de leur nommer des successeurs imbus des mêmes principes politiques.

Ces nouveaux venus, aussi bien que leurs aînés, voudront la liberté, mais la liberté sage, c'est-à-dire la *liberté réglée*, et, en voulant cette liberté, la seule raisonnable, qui se plie aux légitimes aptitudes d'un

Peuple, et qui suit ses généreuses tendances, ils feront fleurir, *au dedans,* le bien-être, le travail, l'industrie, le commerce, les arts, les lettres, la religion, et, *au dehors,* l'influence de la France et l'honneur national!...

Le passé nous répond de l'avenir.

Napoléon III, fort du concours de tes mandataires, parce qu'ils étaient animés de l'esprit des *Idées napoléoniennes,* a fait de toi, ô mon Pays! le peuple le plus grand, le premier peuple du monde!

Continue donc à grouper autour de lui ces vrais amis, ces amis intelligents et dévoués de sa dynastie, et lui continuera, avec eux, à te faire marcher, à la faveur d'une liberté véritable, dans la route glorieuse de la prospérité et de la suprématie de la France!!...

BIBLIOTHÈQUE IMPÉRIALE IMPR.

FIN

Bordeaux. — Imprimerie A. PÉREY, rue Porte-Dijeaux, 43.

www.ingramcontent.com/pod-product-compliance
Lightning Source LLC
La Vergne TN
LVHW020351230826
846091LV00003B/1055

* 9 7 8 2 0 1 2 4 7 3 7 1 3 *